Siegfried König

Philosophie kompakt
Alles, was man wissen muss,
kurz und einfach erklärt

Siegfried König, Jahrgang 1960, studierte Philosophie und Literaturwissenschaft an der Universität Erlangen-Nürnberg und promovierte über Politische Philosophie. Seit mehreren Jahren ist er am Bildungszentrum Nürnberg als Dozent für Philosophie tätig.

Siegfried König

Philosophie kompakt

Alles, was man wissen muss,
kurz und einfach erklärt

ISBN: 1512350575
ISBN-13: 978-1512350579

Siegfried König
Kölner Str. 11c
90425 Nürnberg

Inhaltsverzeichnis

Einleitung

Dieses Buch soll zweierlei sein: ein Anreiz, sich mit Themen der Philosophie näher zu beschäftigen und eine Zusammenfassung für diejenigen, die sich ihres Wissens versichern wollen. Es kann somit sowohl am Anfang einer Reise durch die Philosophie und die Geschichte des Denkens stehen, wie auch am Ende, wenn Sie eine knappe Zusammenfassung der wichtigsten Gedanken griffbereit haben wollen. Sie finden auf den folgenden Seiten einen prägnanten Überblick über die Themen der Philosophie. Im Mittelpunkt stehen dabei eher globale Zusammenhänge als Detaildiskussionen. Wer weiß, wo er einen Philosophen oder eine Theorie einordnen muss, der kann sich auch leichter in seinen Argumentationen zurechtfinden.

Die Philosophie ist von ihrer Geschichte nicht zu trennen. Sie können sich schlecht mit allgemeinen Fragen beschäftigen, wenn Sie die Antworten und Diskussionen der bisherigen Philosophen nicht kennen. Insofern gleicht die gesamte Geschichte der Philosophie einem einzigen langen Gespräch, das sich über Generationen erstreckt. Eine bloß geschichtliche Betrachtungsweise bleibt aber akademisch, wenn man bei den Denkern vergangener Jahrhunderte keine Anregungen für sich selbst und seine eigene Gegenwart sucht. Gelingt es, die Philosophen lebendig werden zu lassen, dann kann deren im wahrsten Wortsinn unzeitgemäßes Denken uns vor Einseitigkeiten und Sackgassen in der Gegenwart bewahren.

Ich biete Ihnen hier keine textkritischen Analysen klassischer Texte und auch keine systematischen Darstellungen aller Verästelungen der philosophischen Teildisziplinen. Die Philosophie ist schon schwierig genug, als das man den Zugang noch erschweren muss. Aus diesem Grund verwende ich, soweit als möglich, keine Fachterminologie, oder zumindest nur in homöopathischer Dosierung. Ich halte es für wichtiger, das Bewusstsein für eine Fragestellung zu wecken, als die Theorie eines klassischen Denkers auszubreiten. Ich würde es aber als persönlichen Erfolg betrachten, wenn es mir gelingen sollte, an ein paar Stellen Ihr Interesse für eine weitere Beschäftigung mit der Philosophie zu wecken. Im ersten Teil finden Sie einen historischen Überblick über die wichtigsten Zusammenhänge und Entwicklungen innerhalb der Philosophiegeschichte. Der zweite Teil stellt Ihnen die Themen in systematischer Anordnung vor. Hier finden Sie auch Diskussionen der jüngeren Vergangenheit. Ergänzt wird diese Einführung mit einer Kurzvorstellung der klassischen Hauptwerke der Philosophie und einer Liste mit weiterführender Lektüre.

Geschichte der Philosophie

Die Vorsokratiker

Die Philosophie beginnt im antiken Griechenland, als einzelne Denker nicht mehr mit den mythischen Erklärungen über das Wirken der Götter zufrieden waren, sondern durch eigenes Nachdenken die wahren Gründe für das Geschehen in der Natur entdecken wollten. Griechenland bot dafür den geeigneten Rahmen, da es hier weder eine institutionalisierte Religion mit einer Priesterkaste noch eine alles beherrschende Staatsführung gab, denn die Welt der alten Griechen zerfiel in eine Vielzahl von Stadtstaaten, die über den halben Mittelmeerraum verstreut waren. Die Tatsache, dass die Griechen als Seefahrernation mit allen möglichen Völkern Handel betrieben, förderte sowohl eine gewisse Weltoffenheit wie auch eine Neugier in geistigen Fragen.

Die Anfänge der Philosophie liegen deshalb nicht zufällig an der Peripherie und in den Kolonien der griechischen Kultur: in Kleinasien und in Süditalien. Die zentrale Frage der ersten Denker galt der *Arché*, was sowohl Ursprung oder Grund wie auch Prinzip bedeuten kann. Die Philosophen fragten danach, was der Ursprung und das alles bestimmende Prinzip der Natur oder des ganzen Seins ist. Leider sind uns von den frühen Philosophen keine kompletten Werke, sondern nur einzelne meist unzusammenhängende Fragmente überliefert. Es hat sich eingebürgert, alle frühen Denker, ungeachtet der Verschiedenheit ihrer Theorien, als Vorsokratiker zusammenzufassen, als die Philosophen, die es vor Sokrates gab.

Das erste Zentrum der Philosophie lag in Milet, einer griechischen Stadt an der kleinasiatischen Küste. Hier wirkte Thales (624-546 v. Chr.), der zugleich Mathematiker und Astronom war. Für ihn war das Wasser der Ursprung und das treibende Prinzip der Natur, denn das Wasser belebt alle Wesen und alles Lebendige. Sein Schüler Anaximander (611-546 v. Chr.) dachte schon viel abstrakter. Er erklärte das *Apeiron*, das Unbegrenzte, zum Prinzip und postulierte eine Art kosmisches Gleichgewicht zwischen allen Dingen und Lebewesen. Noch eine Generation jünger war Anaximenes (585-525 v. Chr.), für den die Luft der Urstoff war, aus dem alles entspringt. Die Gemeinsamkeit aller milesischen Philosophen besteht darin, die *Arché* in den Tiefen der Natur zu suchen.

Einen anderen Zugang fand die Philosophie in Süditalien, wo Pythagoras (570-500 v. Chr.) lehrte. Seine Schule hatte etwas von einer Sekte, da er philosophische mit esoterischen Themen wie der Seelenwanderung mischte. Für Pythagoras verbarg sich das Wesen der Welt in den Zahlen. Die Beziehungen und Gesetzmäßigkeiten der Zahlen liegen allem Sein zugrunde, was sich beispielhaft in der Musik zeigt. Dies bedeutete einerseits eine höhere Abstraktion gegenüber natürlichen Ursachen, förderte aber auch eine Abwendung von der empirischen Wirklichkeit.

In der Nachfolge von Pythagoras steht Parmenides (540-470 v. Chr.), einer der wichtigsten vorsokratischen Philosophen, der genau diesen Schritt vollzieht. Von ihm ist ein längeres Fragment in Versform überliefert, das vom Sein handelt. Parmenides gelangt zur höchsten Abstraktion der Begriffe, da er nicht mehr einzelne vorhandene Dinge und ihre Beziehungen untersucht, sondern zum Sein selbst vorstoßen will, das allem zugrunde liegt und alles durchdringt. Die sinnliche Wirklichkeit, die Welt, die vor unseren Augen liegt, erklärt Parmenides zum bloßen Schein. Was wahrhaft ist, ist nur das Sein, das selbst unvergänglich und unteilbar nur Eines ist. Alle Veränderungen in der Sinnenwelt sind nur oberflächlich.

Die Gegenposition vertrat Heraklit (550-480 v. Chr.), der in Ephesos in Kleinasien lebte. Auch Heraklit drang hinter die Oberfläche der anschaulichen Welt, fand dort aber keine Beständigkeit, sondern den ständigen Wechsel von Werden und Vergehen. „Alles fließt", lautet sein bekanntester Ausspruch. Das Treiben der Wirklichkeit ist ein ständiger Kampf der Gegensätze, dessen Gesetze nur im *Logos*, in der Vernunft, zugänglich sind. Der Weise erkennt die Harmonie im Zusammenspiel des Widerstreitenden. Es geht dabei weder um gewaltsame Zerstörung noch um friedvolle Harmonie, sondern um die Einsicht, dass es nichts Beständiges gibt, außer dem Gesetz des Wandels.

Weitere wichtige frühe Philosophen sind Empedokles (492-432 v. Chr.), der in Unteritalien lebte, und der die Theorie vertrat, dass alles in der Natur aus dem Zusammenwirken der vier Elemente Feuer, Wasser, Erde und Luft gemäß den Beziehungen von Liebe und Hass entsteht, und Demokrit (460-370 v.Chr.), der in Athen wirkte, und für den die Dinge der Welt aus kleinsten Teilen, den Atomen, bestehen. Demokrit vertrat einen konsequenten Materialismus und leugnete die Existenz von Göttern.

Die Theorien der Vorsokratiker über den Ursprung und die Gesetze der Welt mögen Ihnen stellenweise kurios und überholt erscheinen, doch wichtiger als alle konkreten Vorschläge zur Erklärung der Welt ist die Tatsache, dass hier zum ersten Mal Menschen ihre eigene Vernunft zum Maßstab der Überlegung machen. Es ist nicht die Überlieferung, die sich in den Mythen findet und es sind nicht die religiösen oder traditionellen Konventionen, es ist das eigene Denken, der Anspruch, dass die Erklärung der Welt einleuchten muss und mit Argumenten zu begründen ist, womit die Philosophie beginnt.

Sokrates als Urbild des Philosophen

Seit dem vierten vorchristlichen Jahrhundert entwickelte sich Athen zum Zentrum der griechischen Philosophie. Gleichzeitig verschob sich der Schwerpunkt des philosophischen Fragens von den Ursachen und Gesetzen der Natur zu den menschlichen Angelegenheiten. Man spricht in diesem Zusammenhang von einer griechischen Aufklärung. An die Stelle umfassender Welterklärungen traten die Fragen nach dem menschlichen Handeln und Zusammenleben. Man bezeichnet die Philosophen dieser Zeit als Sophisten. Ihre wichtigsten Vertreter waren Protagoras (490-410 v.Chr.), der den Menschen zum Maß aller Dinge erklärte, und Gorgias (480-380 v. Chr.), der die Möglichkeit objektiver Erkenntnis bestritt.

Die Bezeichnung Sophist hat für uns einen negativen Beiklang, was vor allem daran liegt, dass das Bild der Sophisten für die Nachwelt hauptsächlich durch ihren Gegner Platon geprägt wurde. Er stellte die Sophisten als relativistische Wortverdreher dar, die jede Erkenntnis der Wahrheit leugneten. Es stimmt zwar, dass die Sophisten auch als Anwälte und Rhetoriklehrer für Geld arbeiteten, doch sie waren Intellektuelle, die immer auf die Kraft der Argumente vertrauten.

Als Gegenspieler der Sophisten gilt Sokrates (470-399 v. Chr.), der zum Urbild des Philosophen schlechthin wurde. Sokrates hat selbst keine Schriften verfasst. Das meiste, das wir von ihm wissen, wurde von seinem Schüler Platon überliefert, der Sokrates zur Hauptfigur seiner Dialoge machte. Sokrates wollte keine Lehre aufstellen. Für ihn war Philosophie nicht etwas, das man aufschreiben und dann nach Hause tragen kann, für Sokrates war Philosophie etwas, das gelebt werden muss, denn die Philosophie besteht einzig und allein im Philosophieren. Er suchte Gespräche mit jedermann, denn er betrachtete die Philosophie nicht als eine Sphäre, zu der nur Auserwählte Zugang haben, sondern als eine Angelegenheit aller Menschen. Sokrates sprach von seiner Hebammenkunst, die durch geschicktes Fragen das Wissen aus der Vernunft eines jeden hervorholt, auch bei Leuten, die gar keine philosophische Bildung haben.

Und Sokrates stellte Fragen. Das ist der Anfang seiner Philosophie und darin besteht jede echte Philosophie. Er befragte die Menschen, die als Experten galten und diejenigen, die behaupteten, die Wahrheit zu kennen. Doch er war mit keiner Antwort zufrieden, sondern fragte immer weiter und zeigte dem Gesprächspartner, dass auch der im Grunde die Wahrheit nicht kannte, sondern dies nur geglaubt hatte. Sokrates brachte damit die Meinungen und Überzeugungen seiner Mitmenschen ins Wanken, ohne jedoch eine eigene Lehre zu bieten. „Ich weiß, dass ich nichts weiß", so lautet sein berühmtester Ausspruch, und er zeigte den anderen, dass auch sie in Wirklichkeit nichts wussten.

Sokrates war jemand, der sich nicht abspeisen ließ, damit gewann er auch subversive Wirkung. Dass dies nicht jedermann gefiel, können Sie sich denken. Das Gegenteil der sokratischen Haltung ist die Selbstgerechtigkeit und Selbstgefälligkeit derjenigen, die immer schon Bescheid wissen. Aus dieser selbstgefälligen Ruhe störte Sokrates seine Mitbürger auf. Und sie dankten es ihm, indem sie ihn zum Tode verurteilten. Damit ist Sokrates auch der erste Märtyrer der Philosophie.

Der Maßstab des Fragens ist für Sokrates das eigene Denken, und zwar das Denken eines jeden Menschen. Dieses Prinzip des Selbstdenkens ist das Wichtigste, das Sie von ihm lernen können. Geben Sie sich nicht mit schnellen Antworten zufrieden und glauben Sie nicht einfach jeder selbsternannten Autorität, sondern suchen Sie nach Begründungen, dann sind Sie auf dem besten Weg zum Philosophen. Dieses sokratische Denken hat auch einen moralischen Aspekt: Es steht unter dem Anspruch der Redlichkeit. Wenn Sie im Sinne von Sokrates philosophieren, müssen Sie sich auch vor sich selbst und ihrem eigenen Gewissen rechtfertigen.

Platon: Philosophie als Dialog

Platon (427-347 v. Chr.) war der wichtigste Schüler von Sokrates. Von seinem Lehrer übernahm er das Prinzip der Philosophie als Gespräch. Dementsprechend sind nahezu alle Werke Platons Dialoge und in den meisten von ihnen ist ein idealisierter Sokrates die Hauptfigur. Platons Denken ist Ausdruck einer dialogischen Philosophie.

Platon gilt aber auch als der idealistische Philosoph schlechthin. Er misstraut den sinnlichen Eindrücken und den Meinungen der Menschen und sucht die Wahrheit im reinen Denken, in der Sphäre der Ideen. Platon hat zwar an keiner Stelle seines Werkes eine Ideenlehre als Theorie entwickelt, die Vorstellung von zeitlosen Ideen ist aber zentral in den Dialogen seiner klassischen Periode.

Was sind diese Ideen? Ideen sind allgemeine Begriffe, die das Wesen einer Sache viel klarer zum Ausdruck bringen als jedes einzelne Exemplar. Egal ob es um Pferde, um Tische oder was auch immer geht, es gibt kein Einzelding, das das Wesen des Pferdes oder des Tisches voll und ganz repräsentiert, aber Sie haben eine Vorstellung davon, was ein Pferd oder einen Tisch ausmacht. Sie haben eine Idee davon, und jedes einzelne Exemplar ist eine mehr oder weniger vollkommene Verwirklichung dieser Idee. Die entscheidende Frage ist nun aber, welchen Seinscharakter diese Ideen haben, inwiefern Ideen etwas wirklich Existierendes sind.

Das wird wahrscheinlich deutlicher, wenn man die Rolle der Mathematik in Platons Denken berücksichtigt. Der Kern seines Ideenkonzepts ist nämlich ausdrücklich die Mathematik und sehr oft nimmt er seine Beispiele aus der Mathematik, vor allem aus der Geometrie. Denn hier leuchtet die Vorstellung von Ideen am leichtesten ein. Überall in der Welt finden Sie Kreise, Vierecke und andere geometrische Formen, doch nie in Reinform. Jeder Kreis ist irgendwie unvollkommen, nicht wirklich ganz rund, die Linien sind nicht klar oder sind unregelmäßig. Sie wissen jedoch, was ein Kreis ist und können es auch beschreiben, sogar mit einer mathematischen Formel. Aber Sie haben noch nie einen solchen idealen Kreis gesehen. Gibt es dann einen solchen Kreis überhaupt? Und wenn ja, wo und in welcher Weise gibt es ihn?

Platon ist überzeugt, dass es solche Ideen gibt und dass wir sie im Denken erkennen können. Die Ideen verkörpern das, was in Wirklichkeit ist, nicht die zufälligen und unvollkommenen Erscheinungen der Sinnenwelt. Die sind nur die Oberfläche. Und das gilt nicht nur für die Idee eines Kreises, sondern auch für die eines Pferdes oder eines Tisches. Die Ideen verkörpern die eigentliche Wirklichkeit im Fluss der zufälligen Ereignisse. Die höchste Idee, die wie eine Sonne über allen anderen thront, ist die Idee des Guten.

Doch Platon vertritt keinen Dogmatismus. Er stellt ganz klar, dass der Philosoph derjenige ist, der nach Weisheit strebt, nicht einer, der sie besitzt. In seinen Dialogen geht es darum, aus den vielfältigen Phänomenen zu einem wirklichen Wissen zu gelangen, das über Vermutungen und Meinungen hinausreicht, und solches Wissen erreicht man am besten am Leitfaden von Ideen, das heißt, mit der Frage, was das Wesen eines jeden Dinges ausmacht.

Als Platons Hauptwerk gilt der Dialog *Politeia*, auf Deutsch *Der Staat*, in dem Platon einen idealen Staat entwirft und die ausführlichsten Erläuterungen zu seiner Theorie der Ideen bietet. Ausgangspunkt ist die Frage nach der Gerechtigkeit. Um deutlich zu machen, worin Gerechtigkeit besteht und was einen gerechten Menschen ausmacht, verweist Platon auf den Staat, denn der Staat besitzt im Großen die gleiche Struktur wie der Mensch im Kleinen. Die Bevölkerung des Staates wird in drei Stände eingeteilt: das einfache Volk, die Wächter und die Herrscher. Für das Volk, das heißt, für die Handwerker, Bauern und Händler gelten keine besonderen Regeln, sie sollen ihrem Gewerbe nachgehen, haben aber keinen Einfluss auf die Staatsführung und die Gesetzgebung. Die Sicherheit im Inneren und der Schutz des Staates nach außen sind Aufgabe der Wächter. Und innerhalb der Wächter werden als besondere Gruppe die Herrscher ausgewählt, die nach Platon mit den Philosophen identisch sein sollten. Die Herrschaft soll nämlich denen übertragen werden, die am besten dazu geeignet sind, und das sind für Platon die Philosophen.

Gelten für das Volk keine besonderen Regeln, so ist das Leben der Herrscher streng reglementiert. Sie haben weder Familie noch Besitz, da sie sich ausschließlich dem Gemeinwohl und nicht ihren eigenen Interessen oder den Vorteilen ihrer Familie widmen sollen. Platon fordert also, dass die Mächtigen keinen Besitz und die Besitzenden keine Macht haben sollen. Ob dies realistisch ist, bezweifelt er selbst, doch geht es ihm nicht darum, praktische Staatskunde zu betreiben, sondern die Idee des Staates zu destillieren.

Dem Aufbau des Staates entspricht der Aufbau der menschlichen Seele, denn auch die Seele besteht aus drei Teilen. Die Funktion der Herrscher hat hier die Vernunft, den Wächtern entspricht die Lebenskraft und das Volk, das sind die Begierden. Platon sagt weiter, dass jedem dieser Seelenteile eine besondere Tugend korrespondiert, an der er sich orientieren soll. Die Tugend der Vernunft ist die Weisheit, die Tugend der Lebenskraft ist der Mut und für die Begierden gilt die Tugend der Mäßigung. Stehen alle drei Teile in Harmonie zueinander, so lebt der Mensch im Gleichgewicht und ist dann nicht nur gerecht, sondern zugleich auch glücklich. Dieser Zusammenfall von Gut-Sein und Glücklich-Sein ist typisch für das griechische Denken. Das gute Leben ist ein gelungenes und daher glückliches Leben, da Glück als Ausgewogenheit und innerer Einklang verstanden wird. Die Harmonie der drei Tugenden ist deshalb die gesuchte Gerechtigkeit, die in gleicher Weise für die Seele wie für den Staat gilt. Das Prinzip dieser Gerechtigkeit lautet bei Platon daher: Jedem das Seine.

In seinem Dialog *Phaidros* veranschaulicht Platon seine drei Seelenteile mit dem berühmten Bild vom Wagengespann. Der Wagenlenker entspricht der Vernunft und er hat zwei sehr unterschiedliche Pferde zu führen. Das eine ist faul und möchte nur fressen und ruhen, es entspricht den Begierden, das andere ist ungestüm und immer in Gefahr durchzugehen, es entspricht der Lebenskraft. Nur wenn es gelingt, beide in Zaum zu halten, kann das Gespann vorankommen.

Auch an anderen Stellen verwendet Platon zur Veranschaulichung seiner Theorien gerne Bilder und Gleichnisse. Das bekannteste ist das Höhlengleichnis, das Sie in der *Politeia* finden. Platon erläutert damit die Stufen menschlicher Erkenntnis. Stellen Sie sich eine Höhle vor, in der Menschen leben, die sie noch nie verlassen haben, die sogar von Geburt an so angekettet sind, dass sie nur die gegenüberliegende Wand sehen können. Hinter diesen Menschen brennt ein Feuer, das die Höhle in dämmeriges Licht taucht. Die Menschen können das aber nicht sehen, da sie sich nicht umdrehen können, und da außerdem in ihrem Rücken eine Mauer gebaut ist. Hinter der Mauer werden Dinge vorbeigetragen, von denen die Menschen die Schattenbilder auf der Wand sehen. Da sie nichts anderes kennen als diese Schatten, halten sie sie für die Wirklichkeit und unterhalten sich nur darüber.

Jetzt stellen sie sich vor, was geschieht, wenn man einem dieser Menschen die Fesseln löst und er aufstehen und sich umdrehen kann. Er kann jetzt sehen, wie es sich wirklich verhält, doch da er sein Leben lang im Dämmerlicht saß, wird das Feuer ihn erschrecken und blenden, er kann wahrscheinlich gar nichts wirklich sehen und möchte nur zurück an seinen alten

Platz. Und wenn man ihn aus der Höhle hinaus ans Tageslicht zerrt, wird er vollends geblendet und in Panik geraten. Wenn er jedoch eine Weile in der oberirdischen Welt gewesen ist, wird er erkennen, dass er früher nur in einer Welt der Illusionen gelebt hat, und er wird auf keinen Fall mehr zurückwollen. Er geht nur deshalb nochmals in die Höhle, um seine alten Freunden darüber aufzuklären, wie es sich wirklich verhält. Doch die glauben ihm nicht und wollen gar nichts davon wissen. Sie lachen ihn aus oder werden sogar aggressiv. Zu allem Unglück findet der arme Mensch, der jetzt eine Weile im Tageslicht lebte, sich in der Höhle gar nicht mehr zurecht, da seine Augen nicht mehr an das Dämmerlicht gewöhnt sind. Er macht also einen ziemlich weltfremden und ungeschickten Eindruck.

Dieser Mensch ist der Philosoph und die Leute in der Höhle sind die gewöhnlichen Menschen. Sie leben in einer Welt des bloßen Meinens und des Scheins, da sie die Hintergründe und das Wesen der Dinge nicht kennen. Der Philosoph hat einen anstrengenden Aufstieg hinter sich, zu dem er teilweise durch harten Unterricht sogar gezwungen werden musste. Doch jetzt weiß er, wie es sich wirklich verhält, er ist hinter den Schein gedrungen und er war sogar an der Oberfläche, womit Platon die Welt der Ideen symbolisiert. In Gestalt der Sonne hat er sogar die höchste Idee, die Idee des Guten gesehen, die allen anderen ihre Gültigkeit verleiht. Doch die Menschen seiner Umwelt wollen von diesen Einsichten nichts wissen, sie verspotten den Philosophen und im schlimmsten Fall töten sie ihn sogar, wie es Sokrates widerfahren ist.

In mehreren Dialoge Platons stehen die Verurteilung und der Tod des Sokrates im Mittelpunkt. In der *Apologie*, der Verteidigungsrede des Sokrates, finden Sie die sokratische Methode des fragenden Gesprächs gerechtfertigt. Die letzten Stunden des Sokrates schildert Platon in seinem Dialog *Phaidon*. Hier geht es um die Konfrontation mit dem Tod und die Frage nach einer möglichen Unsterblichkeit der Seele. Sokrates zeigt keine Angst vor dem Tod, da sein geistiger Seelenteil nicht sterblich ist und vom Körper befreit werden wird. Doch wird dies nicht als Lehre oder als Gewissheit geschildert, sondern als eine Zuversicht, für die Sokrates sich entscheidet. Im Dialog *Symposion*, zu Deutsch *Das Gastmahl*, der in verschiedenen Reden das Wesen der Liebe behandelt, präsentiert Platon einen Begriff der Unsterblichkeit, der sich in Nachkommen oder in geistigen Werken manifestiert.

Aristoteles: Philosophie mit Maß und Ziel

Platons Schüler Aristoteles (384-322 v. Chr.) kann als der erste Professor der Philosophie bezeichnet werden, er war eine ganze Universität in einer Person. Auf ihn gehen viele auch heute noch bestehende Disziplinen der Philosophie zurück, wie die Metaphysik, die Logik, die Ethik oder die Politik. Aristoteles war ein Gelehrter von immensen Ausmaßen, der nicht nur in der Philosophie im engeren Sinne, sondern auch in der Naturforschung, auf Gebieten wie der Zoologie, der Astronomie oder der Meteorologie Maßstäbe setzte. Er war ein enzyklopädischer Geist, der alles mit methodischer Gründlichkeit erforschte, und der überall Ordnungssysteme und Unterteilungen einführte.

Aristoteles ist auch der Begründer der klassischen Logik als Lehre von den Schlüssen. Die von ihm entworfene Syllogistik blieb für zwei Jahrtausende der gültige Stand der Logik, bis im 20. Jahrhundert die formale Logik entstand. Sein entscheidender Grundgedanke bestand in der Formalisierung. Ein Schluss besteht aus Prämissen und Konklusionen und die Gültigkeit der Konklusion, also der Schlussfolgerung, ergibt sich einzig und allein aus der formalen Korrektheit des Schlusses. Die Logik hat nichts mit dem Inhalt von Aussagen, sondern nur mit deren Form zu tun. Damit wird ein Instrument geschaffen, mit dem die Richtigkeit von Argumentationen überprüft und mit dem Fehlschlüsse und argumentative Tricks identifiziert werden können.

In verschiedenen kleineren Schriften, die man erst viel später zu dem Buch *Metaphysik* zusammengefasst hat, den Themen, die jenseits der Physik liegen, beschreibt Aristoteles die grundlegenden Prinzipien alles Seienden. Er geht aus von der Prämisse, dass alle Menschen nach Wissen streben und erläutert die verschiedenen Kategorien, mit denen das Sein des Seienden ausgesagt wird. Neben den verschiedenen Eigenschaften, die eine Sache annehmen kann, ist die Substanz als das Zugrundeliegende, dem die Eigenschaften zukommen, die wichtigste Kategorie.

Die Substanz steckt in den Dingen selbst, sagt Aristoteles, weshalb er die Annahme platonischer Ideen zurückweist. Alle Dinge und Lebewesen haben ein Potential, je nachdem wie komplex sie sind. In einem Samenkorn ist als Möglichkeit schon die Pflanze angelegt und strebt danach, sich zu verwirklichen. Diese Verwirklichung ist ihr Ziel und ihr Zweck. Das eigentliche Wesen der Dinge, das, was wirklich ist, darf nicht in abstrakte Ideen verlagert werden, sondern muss aus den Dingen selbst erklärt werden. Aristoteles war viel zu sehr Sammler von allem und jedem, um die Erfahrungswelt zu verachten.

Das, was zur Entfaltung drängt, nennt Aristoteles Form, dasjenige, was so geformt wird, nennt er Stoff. Die Wirklichkeit ist somit ein Gestaltungsprozess im Zusammenspiel von Stoff und Form. Im Samen ist die Form des Baumes, im Ei die Form des Huhns bereits enthalten. Und auch der Baumeister hat bereits einen Plan des Gebäudes oder der Skulptur, die er aus seinem Stoff, dem Stein und den übrigen Materialien, formen wird. Man nennt eine solche Betrachtungsweise teleologisch, das heißt, jedes Ding und jedes Lebewesen hat ein ihm innewohnendes Wesen oder Ziel, das zur Verwirklichung drängt. Auf diese Weise ergibt sich ein harmonisches Weltbild, denn die ganze Natur und die gesamte Wirklichkeit ist ein solches Entfalten.

So wie Platon seine Theorien aus der Welt der Mathematik heraus entwickelt, so orientiert Aristoteles sich am Beispiel der Pflanzen- und Tierwelt. Deshalb gilt er neben dem Idealisten Platon als der Realist, der immer auf dem Boden der Erfahrung bleibt und niemals in die reine Abstraktion abgleitet. Paradox ist nur, dass der Idealist Platon anschauliche und bildreiche Dialoge schrieb, während der Realist Aristoteles knochentrockene theoretische Abhandlungen verfasste.

In der Metaphysik finden Sie auch Aristoteles' Theorie von Gott als dem unbewegten Beweger. Alle natürlichen Substanzen und auch die Himmelskörper befinden sich in beständiger Bewegung und Entwicklung. Zur Erklärung postuliert Aristoteles eine erste ewige und unbewegte Substanz, die den Anstoß zur Bewegung in der Welt gegeben hat. Diese erste Ursache von allem kann als göttlich bezeichnet werden, wenn es auch ein völlig unpersönlicher und rein abstrakter Gott ist, der keinerlei Anteil an der Welt nimmt und eher eine Art Denknotwendigkeit darstellt.

So wie alles in der Welt ein Ziel hat, so gilt dies auch für den Menschen. Aristoteles beginnt seine Ethik mit der ganz allgemeinen Feststellung, dass jede Tätigkeit ein Ziel hat, ein Gut, das sie anstrebt. Er unterscheidet dann zwei Arten von Zielen. Einmal kann eine Tätigkeit dazu dienen, etwas außerhalb von ihr Liegendes zu erreichen, oder aber das Ziel der Tätigkeit liegt in ihr selbst, sie ist Selbstzweck. Das Erstere ist immer dann der Fall, wenn Sie einen bestimmten Zweck erreichen wollen, wie der Schuster, der arbeitet, um Schuhe herzustellen oder zu reparieren. Der Zweck seiner Tätigkeit sind ein paar einwandfreie Schuhe. Das Gegenbeispiel ist der Flötenspieler, denn der Zweck seiner Handlung ist das Spielen selbst.

Das höchste Gut für den Menschen ist das Glück, sagt Aristoteles und bestimmt das Glück als dasjenige, das nur um seiner selbst willen angestrebt wird. Das Glück für den Menschen kann damit nur im Leben selbst liegen und besteht darin, ein gutes Leben zu führen. Aristoteles verwendet dafür den Begriff der *Eudaimonia*, den man am besten mit einem gelungenen Leben übersetzt. Dieses Glück als *Eudaimonia* kann nur in der dem Menschen wesensmäßigen Tätigkeit bestehen. Da der Mensch das bloße Leben auch mit den Pflanzen und die Sinnestätigkeit auch mit den Tieren gemeinsam hat, bleibt nur die Vernunft als die dem Menschen wesentliche Eigenschaft. Der Mensch ist das vernünftige weil sprachbegabte Wesen.

Im Begriff des gelungenen Lebens fallen gutes Handeln und der Zustand, dass man es gut hat, zusammen. Das gute Leben, das zugleich das glückliche Leben ist, erreicht der Mensch dann, wenn er alle seine Anlagen verwirklicht. Es geht nicht nur um die geistigen Anlagen, sondern auch um die sozialen, denn Aristoteles sieht den Menschen als ein soziales und auch politisches Wesen, das sich nur in der Gemeinschaft vollständig verwirklichen kann. Er ist kein isoliertes Individuum, sondern steht in Bezügen wie Mann und Frau, Eltern und Kind, Bürger und Mitbürger oder Herr und Knecht. Ethik ist in diesem Verständnis eine Art Lebenskunst. Begierden und Emotionen sollen so ins Leben eingebunden werden, dass ein geachteter und vorbildlicher Charakter entsteht, gewissermaßen ein Gesamtkunstwerk.

Neben den geistigen Tugenden wie Weisheit und Klugheit stehen die im eigentlichen Sinne ethischen Tugenden, die die Emotionen und Begierden ordnen. Wie bei Platon ist auch bei Aristoteles das Gleichgewicht und die innere Harmonie der wesentliche Gesichtspunkt. Aristoteles bestimmt dies als die rechte Mitte, als richtiges Maß zwischen zu viel und zu wenig. Sie können sich dies am Beispiel der Tugend Tapferkeit als Mitte zwischen Feigheit und Tollkühnheit, oder der Großzügigkeit als Mitte zwischen Geiz und Verschwendungssucht veranschaulichen. Hieraus sollte auch deutlich werden, dass diese Mitte nicht den Charakter eines bloßen Kompromisses hat, sondern dass es die höchste und optimalste Form ist, da die beiden anderen eher Entartungen darstellen. Jemand, der tollkühn ist, ist eben nicht extrem tapfer, sondern er ist etwas anderes, ihm fehlt das rechte Maß und er gefährdet sich und andere.

Aristoteles stellt keine Verhaltensregeln oder Verbote auf, wie dies für die moderne Moralphilosophie kennzeichnend ist, sondern er plädiert für eine bestimmte Charakterbildung, die eingeübt und gelernt werden muss, bis sie jemandem in Fleisch und Blut übergegangen ist. Jemand soll nicht in einer bestimmten Situation tapfer oder großzügig handeln, er soll tapfer und großzügig sein, dann wird er auch entsprechend angemessen handeln.

Aristoteles betrachtet den Menschen nicht als ein isoliertes Individuum, sondern als ein gesellschaftliches und politisches Wesen. Der Mensch ist *Zoon politikon.* Er kann nur wirklich ganz Mensch sein, wenn er in der Gemeinschaft lebt, und diese Gemeinschaft muss ein Staat sein. Warum bleibt Aristoteles nicht auf der Stufe von Sippen oder Stämmen? Weil auf dieser Ebene die volle Entfaltung der menschlichen Anlagen noch nicht möglich ist. Zu Sippen schließen die Menschen sich zusammen, um zu überleben. Der Staat ist notwendig, um gut leben zu können. Ohne Arbeitsteilung und ohne ein gewisses Maß an äußerer Sicherheit wäre der Mensch zu sehr mit dem bloßen Überleben beschäftigt. Es gäbe viele Handwerke nicht, kaum Künste und vor allem keine Philosophie. Der Staat darf aber auch nicht so groß werden, dass die Bürger ihn nicht mehr überblicken können. Wie bei allem gibt es bei Aristoteles auch für den Staat einen angemessenen Umfang, und der entspricht der griechischen Polis.

Aristoteles unterscheidet die verschiedenen Staatsformen einmal danach, ob einer oder viele oder ob alle herrschen, und dann danach, ob die Herrschaft zum Wohl der Gemeinschaft oder nur zum Wohl der Herrschenden ausgeübt wird. Gerecht ist der Staat nur, wenn die Herrschenden zum Wohle der Gemeinschaft herrschen. Herrscht einer zum Gemeinwohl, so ist dies eine Monarchie, herrscht er nur zum eigenen Nutzen, so ist es eine Tyrannis. Herrscht eine Gruppe im Sinne des allgemeinen Wohls, so spricht man von einer Aristokratie, herrscht sie, um sich nur selbst zu bereichern, so handelt es sich um eine Oligarchie. Die Herrschaft aller nennt Aristoteles Demokratie, wenn es um eine Pöbelherrschaft geht, eine Regierung aller zum Wohl des ganzen Staates wäre eine Politie. Diese Staatsformen können auch Mischformen bilden, so kann ein Diktator in populistischer Weise mit dem Rückhalt der Mehrheit den Staat vergewaltigen. Auch die in Aristoteles' Sicht beste Staatsform ist eine Mischform aus Aristokratie und Politie, aus Edlen und dem Volk. Diese Freien und Gleichen sind die Bürger, die den Staat als gemeinsame Angelegenheit gestalten und ordnen.

Spätantike: Epikur und Stoa

Neben den Schulen von Platon und Aristoteles entstanden seit dem dritten vorchristlichen Jahrhundert noch einige weitere Schulen. Da ist zunächst Epikur (342-271 v. Chr.), für den die Lust das Glück ausmachte. Das darf aber nicht als platter Hedonismus verstanden werden. Epikur definiert die Lust als Abwesenheit von körperlichem Schmerz und als Ausgeglichenheit der Seele. Dieses Glück nennt er *Ataraxia*, was man mit heiterer Seelenruhe übersetzen kann. Es steht eher für einfache Genüsse, nicht für Orgien. Man soll in einem Zustand sein, in dem man nichts mehr begehrt. Epikur plädiert für den Rückzug ins Private, was in seinem sprichwörtlichen Garten symbolisiert ist. Von politischen Angelegenheiten soll man sich besser fernhalten.

In seiner Naturphilosophie ist Epikur reiner Materialist. Es gibt bei ihm weder Götter noch Unsterblichkeit. Der Tod hat in Wahrheit aber gar keinen Schrecken, denn er kann die Menschen nach Epikur gar nicht erreichen. Solange wir leben, ist der Tod nicht da, ereignet er sich aber, so leben wir eben nicht mehr und leiden daher auch nicht unter ihm. Von den Schriften Epikurs sind leider nur wenige Fragmente erhalten.

Etwas um die gleiche Zeit, in der Epikur wirkte, entstand die Stoa, eine philosophische Richtung, die oft als das genaue Gegenteil des Epikureismus verstanden wird. Der Gründer der Stoa war Zenon von Kition (336-271 v. Chr.). Von ihm und den anderen frühen Stoikern sind leider so gut wie gar keine Texte erhalten geblieben, dafür umso mehr aus römischer Zeit, wo die Stoa zur vorherrschenden Philosophierichtung wurde. Ihre Hauptvertreter sind Seneca (1-65 n Chr.), Epiktet (50-138) und der römische Kaiser Marc Aurel (121-180).

Die Stoiker vertreten einen kosmischen Determinismus, in dem die Welt nach strengen Gesetzen abläuft. Auch der Mensch ist in diesen geordneten Kosmos eingebunden. So etwas wie Freiheit gibt es dabei nicht. Es gilt vielmehr, sich in den Lauf der Welt einzufügen, Freiheit ist nichts anderes als das Akzeptieren des Notwendigen. Das Glück wird als *Apathia* verstanden, was man mit Gleichmut übersetzen kann, es besteht darin, das zu wollen, was sowieso geschieht. Man soll am besten gar nichts begehren, dann kann einem auch nichts fehlen. Wenn man etwas verliert, dann wurde es eben vom Schicksal zurückgenommen, selbst wenn es die eigene Frau oder das eigene Kind war. Das Ideal der Stoiker ist es, leidenschaftslos die stoische Ruhe zu bewahren.

Das Denken sowohl der Epikureer wie der Stoiker wird beherrscht von der Suche nach Seelenfrieden. Dieser Rückzug auf die eigene Person und das Kümmern um die eigene Befindlichkeit ist typisch für die Spätantike.

Im dritten nachchristlichen Jahrhundert entstand der Neuplatonismus, dessen Hauptvertreter Plotin (204-279) ist. Diese Philosophie beruft sich, wie der Name schon sagt, vor allem auf Platon, wobei die platonische Theorie rein idealistisch ausgelegt wird und eine mystische und esoterische Richtung nimmt. In späteren Zeiten wurde Platon oft durch eine neuplatonische Brille betrachtet, wodurch der dialogische Grundcharakter seiner Philosophie vernachlässigt wurde. Der letzte Vertreter des Neuplatonismus war Boethius (480-526), der schon viel christliches Gedankengut in seine Philosophie aufnahm.

Philosophie des Mittelalters

Die Philosophie des Mittelalters zerfällt in zwei zeitlich klar getrennte Perioden, einmal in die sogenannte Patristik, das spätantike Zeitalter der Kirchenväter, in dem die christliche Theologie sich formiert und Elemente der antiken Philosophie in sich aufnimmt, und dann in die Scholastik, die die Philosophie des eigentlichen Mittelalters ist. Der wichtigste Denker der Patristik ist Aurelius Augustinus (354-430), der entscheidende Weichen für die folgenden Jahrhunderte stellte. In seiner Autobiografie *Bekenntnisse* schildert Augustinus seinen Lebensweg, der in einem Erweckungserlebnis kulminiert.

Auf der Grundlage des christlichen Seelenbegriffs wurde der Mensch bei Augustinus individualisiert und er wurde in Geist und Körper gespalten. Der daraus folgende Dualismus beherrschte das abendländische Denken bis in die Moderne. Die Sphäre des Körperlichen und Triebhaften wurde abgewertet und nicht mehr integriert wie bei den Griechen. Der Mensch wurde sündhaft. Mit der Vorstellung der Sünde wurde das Böse in das Innere des Menschen verlegt. Das kulminierte im Begriff der Erbsünde, den Augustinus maßgeblich förderte. Der Mensch war mit seiner bloßen Existenz bereits schuldig und er konnte sich nicht aus eigener Kraft erlösen, sondern brauchte dazu die Gnade Gottes.

In seinem Hauptwerk *Der Gottesstaat* entwarf Augustinus eine zielgerichtete Geschichtsbetrachtung. War das griechische Denken eher zyklisch, so dass sich Epochen ablösten, ohne dass die Entwicklung irgendwo hinführte, so gab es bei Augustinus mit dem letzten Gericht und dem Reich Gottes ein letztes Ziel. Da dieses Ziel letztlich im Jenseits lag, wurde das irdische Leben abgewertet. Das Glück war nichts mehr, das man durch ein vernünftiges und ausgeglichenes Leben verwirklichte, sondern es wurde als Glückseligkeit in die Zeit nach dem Tod verlegt. Das höchste Ziel jeder Erkenntnis war Gott und Gott war es, der nach dem Tod als Richter über Glückseligkeit oder Verdammnis entschied.

Mit dem Untergang der antiken Welt und des Römischen Reichs erlosch auch die Philosophie für Jahrhunderte. Neben den Kirchenvätern waren während des frühen Mittelalters nur ganz wenige Bücher der griechischen Philosophen bekannt. Erst zur Zeit der Kreuzzüge wurden die Schriften des Aristoteles in Europa wieder zur Kenntnis genommen, da sie in der arabischen Welt überliefert und übersetzt worden waren.

Man bezeichnet die Philosophie des Hochmittelalters seit dem 11. Jahrhundert als Scholastik. Als ihr Begründer gilt Anselm von Canterbury (1033-1109), der den Grundsatz *Credo ut intelligam* prägte: „Ich glaube, damit ich einsehe". Darin kommt zum Ausdruck, dass man als Voraussetzung aller Erkenntnis die Sinnhaftigkeit der Welt annehmen muss. Die Welt wurde als Schöpfung verstanden, das heißt, sie war das Werk Gottes als des Schöpfers und Gott hatte die Welt sinnvoll eingerichtet und geordnet. Diese Ordnung war gottgewollt und vorgeben und durfte nicht hinterfragt werden. Auch der Platz, den ein jeder in der Welt einnahm, sei er Fürst oder Bauer, war gottgegeben.

Da die Welt im Wesentlichen fertig war und die Wahrheit durch die Offenbarung Gottes in der Bibel vorlag, ging es nicht darum, Neues zu erkennen oder zu entdecken. Wenn jemand einen neuen Gedanken oder eine neue Theorie hervorbrachte, so musste er es so darstellen, als wäre das eigentlich schon längst bekannt und müsse nur nochmals deutlich gemacht werden. Aus diesem Grund sind die philosophischen Werke der Scholastiker voller Zitate und Berufungen auf die Autorität der Kirchenväter wie Augustinus, aber bald auch auf Aristoteles.

Die besondere Rolle von Aristoteles entstand im 13. Jahrhundert, nachdem seine Schriften in Europa wiederentdeckt worden waren, denn Aristoteles stellte für die Vorherrschaft der Theologie ein entscheidendes Problem dar. Hier gab es Texte und Theorien eines heidnischen Philosophen, der streng rational und logisch argumentierte, und die deshalb nicht einfach als Humbug abgetan werden konnten. Die Lösung bestand darin, dass Aristoteles mit der scholastischen Philosophie verknüpft wurde, was vor allem die Leistung von Thomas von Aquin (1225-1274) ist. Er vermengte beides so stark miteinander, dass die aristotelische Metaphysik mit der Scholastik ununterscheidbar wurde.

Gott hat dem Menschen die Vernunft verliehen, damit er selbst zur Erkenntnis gelangen kann, jedoch konnte und durfte diese Vernunfterkenntnis der Offenbarung niemals widersprechen. Die Vernunft konnte die Offenbarung aber unterstützen, indem sie beispielsweise mit Gottesbeweisen dem Glauben argumentativ zu Hilfe kam. Am spekulativsten ist der ontologische Gottesbeweis von Anselm von Canterbury. Für ihn folgt die Existenz Gottes notwendig aus seinem Begriff als höchstem und vollkommenstem Wesen. Ein vollkommenstes Wesen muss auch existieren, denn sonst wäre etwas noch Vollkommeneres vorstellbar, nämlich ein vollkommenstes Wesen, das existiert. Thomas von Aquin steuerte gleich fünf Gottesbeweise bei, die alle auf der aristotelischen Grundlage beruhen, dass es in der Reihe der Ursachen einen ersten Anfang geben muss. Ergänzt wird dies durch den teleologischen Gottesbeweis, der über einen höchsten Zweck funktioniert, welcher mit Gott identifiziert wird.

In der Spätscholastik bekommt die theologische Harmonie des Mittelalters nicht nur von außen, sondern auch aus der inneren philosophischen Argumentation heraus Risse. Vor allem in England entstand ein Nominalismus, bei dem die Logik sich zunehmend verselbständigte. Der wichtigste Vertreter dieser Richtung ist William von Ockham (1285-1347). Ockham behauptet die Kontingenz, das heißt Zufälligkeit, der Welt, womit er erstaunlich modern ist. Alles in der Welt könnte auch anders sein, Gott könnte mit seiner Allmacht auch die Naturgesetze ändern und er könnte auch die Gesetze von Gut und Böse umkehren. Hier taucht die Frage auf, ob Gott über den Regeln von Gut und Böse steht, oder ob auch er ihnen unterworfen ist. Will Gott das Gute, weil er gut ist, oder ist das Gute gut, weil Gott es will?

Renaissance

Als Philosophie der Renaissance bezeichnet man die Übergangszeit zwischen der Scholastik und der neuzeitlichen Philosophie. Der Übergang vom Mittelalter zur Neuzeit geschah nicht abrupt, sondern allmählich, und auch nicht an allen Orten gleichzeitig. So waren in England und Italien längst die Weichen der neuen Zeit gestellt, während in Spanien noch Scholastik betrieben wurde.

Die neue Zeit knüpfte bewusst an die Antike an. Nach der Eroberung Konstantinopels durch die Türken im Jahre 1452 brachten die fliehenden oströmischen Gelehrten die ganze antike Tradition mit nach Westeuropa, und zwar zuerst nach Italien. Erst jetzt wurden sämtliche Dialoge Platons in Europa bekannt. In Florenz wurde zum Zeichen der Anknüpfung an die griechische Antike eine platonische Akademie gegründet. Die neue Zeit verstand sich als Auferstehung der Antike, daher der Name Renaissance. Das Zeitalter davor wurde später zum Mittelalter erklärt, zur nutzlosen Zeit zwischen den Epochen der Antike und der Neuzeit. In Nordeuropa und vor allem in Deutschland ist die Renaissance die Zeit des Humanismus und der Reformation.

Auf dem Gebiet der politischen Philosophie stehen zwei Antipoden als Zeitgenossen nebeneinander, die zwei politische Grundmodelle formulieren. Der eine ist Niccolo Machiavelli (1469-1527) mit seiner Abhandlung *Der Fürst*, der Politik als rationales Machtspiel versteht, das mit Moral nichts zu tun hat. Auf der anderen Seite des Spektrums steht Thomas Morus (1478-1535) mit seiner *Utopia*, die einer ganzen Denktradition den Namen gab. Wie Platon entwirft Morus einen idealen Staat und wie Platon verwendet er die Form des Dialogs, in die er seinen fiktiven Reisebericht kleidet. Nüchterne Machtkalkulation und utopische Konstruktion, beiden Ansätzen ist gemeinsam, dass sie die ideologische Verbrämung der bestehenden Verhältnisse ablehnen. Machiavelli nennt die Dinge beim Namen, wenn er sagt, ein Herrscher solle die notwendigen Grausamkeiten am Beginn seiner Herrschaft vollbringen. Die provokante Offenheit seiner Schriften wirkt auch heute noch erfrischend. Morus stellt den bestehenden Verhältnissen einen idealen Maßstab gegenüber.

Die andere Stoßrichtung gegen die Ordnung des Mittelalters kam aus den Naturwissenschaften, speziell der Astronomie. Kopernikus und Keppler rückten die Erde aus dem Mittelpunkt des Weltalls, Bacon und Galilei formulierten die Gesetze der Natur als mathematische und mechanische Gesetze. Das teleologische Weltbild des Aristoteles, das über 2000 Jahre Gültigkeit besessen hatte, wurde weggefegt und durch ein neues ersetzt, das auf grundlegend anderen Prinzipien beruht, und in dem das Experiment die zentrale Stellung einnimmt. Die Natur wird genau seziert und in Bacons Worten auf die Folterbank gelegt.

Descartes und der Rationalismus

Mit René Descartes (1596-1650) beginnt die Philosophie der Neuzeit. Zugleich hat er zentrale Bedeutung für die moderne Naturwissenschaft auf mathematischer Basis. Descartes will der Philosophie ein sicheres Fundament verschaffen und wählt dafür die Methode des Zweifels. Es gilt eine Gewissheit zu finden, an der nicht mehr gezweifelt werden kann. Sein Vorbild ist die Mathematik mit ihren strengen Beweisen. Descartes fordert, nichts als wahr anzuerkennen, das sich dem Verstand nicht klar und deutlich zeigt und damit unmittelbar evident ist. Er macht damit den eigenen Verstand zum Maßstab. Man soll sich nicht auf Autoritäten und Lehrbücher verlassen, sondern selbst denken.

In seinem Hauptwerk, den *Meditationen über die erste Philosophie* wendet Descartes seinen methodischen Zweifel an, indem er alles, was er bisher für wahr hielt, vorläufig außer Kraft setzt. Alles, woran man überhaupt zweifeln kann, wird als bloßer Schein behandelt. Descartes steigert seinen Zweifel in mehreren Stufen. Zunächst weist er die sinnliche Wahrnehmung zurück, da die Sinne ihn schon öfters getäuscht haben und ihnen deshalb grundsätzlich zu misstrauen ist.

Die nächste Stufe ist die Selbstwahrnehmung, die Tatsache, dass er an einem Kamin sitzt, Hände hat, einen Zettel hält und so weiter. Auch diese scheinbare Gewissheit ist prinzipiell anzweifelbar, da er nicht ausschließen könne, zu träumen, denn es ist zumindest denkbar, dass er sich alles nur einbildet und vielleicht gar keine Hände und gar keinen Körper hat. Doch selbst im Traum müssten einige grundsätzliche Wahrheiten gelten. Vor allem die Sätze der Mathematik scheinen unzweifelhaft gewiss, die Tatsache, dass zwei und drei fünf ergibt, oder dass ein Viereck immer vier Seiten hat. An dieser Stelle führt Descartes die Vorstellung eines allmächtigen und ihn täuschenden Gottes als Denkmöglichkeit und höchste Stufe des Zweifels ein. Es ist zumindest denkbar, dass ein allmächtiges Wesen ihn bei jeder Einsicht und jeder Erkenntnis täuschen könnte und ihm jedes Mal etwas Falsches vorgaukelt.

Und genau hier im tiefsten Zweifel findet Descartes seine absolute Gewissheit. Mag ein böser Geist ihn auch immer täuschen, die Tatsache, dass der Getäuschte existiert, ist dabei doch immer gewiss. *Cogito ergo sum*: „Ich denke, also bin ich", so lautet die sichere Erkenntnis, die bei allem Zweifel immer vorausgesetzt ist, denn alles Zweifeln und alles Denken setzen voraus, dass der Zweifelnde und Denkende existiert. Als sichere Grundlage der Philosophie und Wissenschaft findet Descartes also das Selbstbewusstsein. Mit der Frage, was dieses Ich denn nun für ein Ding sei, nimmt Descartes allerdings unausgesprochen eine Vergegenständlichung vor. Aus der Tätigkeit des Denkens wird das denkende Ding, die *res cogitans*.

Descartes vertieft damit den traditionellen Dualismus von Körper und Geist nochmals. Denn jetzt wird daraus der Gegensatz von absolut sicherem Selbstbewusstsein und prinzipiell zweifelhafter Körperwelt, der *res extensa*. Durch diese scharfe Trennung von zwei Substanzen hinterlässt Descartes der Philosophie das Problem, wie das Ich unter dieser Bedingung noch gesicherte Erkenntnis von der Außenwelt erhalten kann. An dieser Frage trennen sich in der Folgezeit die Philosophierichtungen des Rationalismus, für den gesicherte Erkenntnis nur durch das Denken erlangt werden kann, und des Empirismus, für den alle Erkenntnis mit der sinnlichen Wahrnehmung anfängt. Descartes selbst wird zum Begründer des Rationalismus, denn nur das reine Denken, das ja die sichere Grundlage alles Wissens ist, kann zu klarer und deutlicher Erkenntnis führen, die Sinne bieten immer nur zufälliges und scheinbares Wissen.

Ein Beispiel für Erkenntnis aus reinem Denken bietet Descartes gleich im Anschluss an seine Zweifelsbetrachtungen. Bisher war ja nur das Ich als reines Selbstbewusstsein gesichert, die ganze Körperwelt, wozu für Descartes auch der eigene Körper und auch das Gehirn gehören, ist noch immer zweifelhaft. Descartes findet aber unter allen Vorstellungen des Denkens, von denen es zweifelhaft ist, ob ihnen wirklich ein Objekt entspricht, auch eine ganz spezielle, nämlich die von Gott. Es ist die Vorstellung eines allmächtigen und vollkommenen Wesens, die nicht vom Ich selbst erzeugt werden kann, sondern die eine außer ihr liegende Ursache haben muss. Die Idee eines vollkommenen Wesens setzt etwas Vollkommenes voraus, und zur Vollkommenheit gehört auch die Existenz. Es ist der ontologische Gottesbeweis, den Descartes hier verwendet, um aus dem Strudel des Zweifels herauszukommen. Auf diese Weise gelingt es ihm, die Sicherheit des Wissens zurückzugewinnen, denn als vollkommenes Wesen muss Gott allgütig sein und kein täuschender Geist. Trotzdem bedeutet dies keine einfache Rückkehr zur traditionellen Metaphysik. Die Begründungsebene hat sich nämlich unwiderruflich verschoben. Die letzte Begründung des Wissens liegt jetzt beim Selbstbewusstsein des Subjekts.

Die beiden wichtigsten Vertreter des Rationalismus nach Descartes sind Spinoza und Leibniz. Baruch Spinoza (1632-1677) löst das Problem der zwei Substanzen, indem er es aufhebt. Es gibt bei ihm nämlich nur eine Substanz, die mit Gott identifiziert wird. Denken und Ausdehnung sind dann nur zwei Erscheinungsweisen dieser alles umfassenden Substanz, und es ist nicht ausgeschlossen, dass es noch andere mehr geben könnte.

Wenn die Welt des Geistes und die des Körpers nur zwei Erscheinungsformen derselben Substanz sind, gibt es auch kein Vermittlungsproblem mehr. Daraus folgt allerdings auch, dass unser Geist nur eine Regung der einen Substanz und damit ein Teil Gottes ist. Wenn es jedoch außer Gott gar nichts gibt, dann wird auch die Trennung von Schöpfer und Schöpfung, das heißt von Gott und Natur, hinfällig. Wenn alles Gott ist, ist Gott nichts mehr, sondern er fällt mit der Natur zusammen. Aus Spinozas Ansatz ergibt sich damit ein logisch fundierter Pantheismus, in dem auch die Trennung von Freiheit und Notwendigkeit entfällt. Freiheit besteht dann in der Akzeptanz dessen, was nach den Gesetzen der Notwendigkeit geschieht.

Gottfried Wilhelm Leibniz (1646-1716) geht den umgekehrten Weg. Bei ihm gibt es nicht eine, auch nicht zwei, sondern unendlich viele Substanzen, die er Monaden nennt. Es handelt sich dabei um Kraftzentren, die selbstständig und unterschiedlich beseelt sind. Im Gegensatz zu den bewusstseinslosen oder nur mit diffusem Bewusstsein ausgestatteten Monaden der materiellen Natur oder der Tierwelt verfügen die Monaden, die unsere Seelen sind, über Selbstbewusstsein. Die Monaden haben aber keine Verbindung miteinander und wirken auch nicht aktiv aufeinander ein, sie haben keine Fenster, wie Leibniz sagt. Gott hat die Monaden am Anfang der Schöpfung wie ein allmächtiger Uhrmacher so eingerichtet, dass sie alle im Gleichklang miteinander laufen. Dies nennt Leibniz eine prästabilierte Harmonie. Etwas moderner ausgedrückt können Sie diesen Gedanken auch so verstehen, dass in allen Monaden ein Programm abläuft, das der allmächtige Programmierer am Beginn der Zeit angestoßen hat.

Da Gott nicht nur allmächtig, sondern auch allwissend und allgütig ist, konnte er keine andere Welt erschaffen als die beste aller möglichen Welten. Leibniz beschäftigt sich ausführlich mit dem Problem der Theodizee, das heißt, mit der Frage, wie Gott das Böse in der Welt zulassen konnte. Seine Lösung besteht darin, dass das Böse nicht direkt Gott zuzuschreiben ist, sondern der menschlichen Freiheit, und da der Mensch frei sein muss, ist ein gewisses Maß an Bösem unvermeidlich.

Empirismus: Hobbes, Locke und Hume

Eine ähnliche Bedeutung wie Descartes für die theoretische hat Thomas Hobbes (1588-1679) für die praktische Philosophie. Er führt ein neues Begründungsverfahren in das politische Denken ein. Bis dahin herrschte die Vorstellung eines göttlichen Naturrechts. Gott hat die Welt geschaffen und geordnet. Jetzt wird dieses objektive natürliche Gesetz durch subjektive individuelle Rechte abgelöst: Die Perspektive kehrt sich um.

Hobbes verwendet das Gedankenexperiment eines Naturzustandes. Er nimmt eine Gesellschaft an, in der es keinen Staat und folglich auch kein Recht gibt. Von Natur aus sind alle Menschen gleich, denn die vorhandenen Unterschiede bei Körperkraft oder Intelligenz reichen nicht aus, dass jemand sich im Naturzustand einen bleibenden Vorteil sichern könnte, da auch der Schwächste durch List in der Lage ist, den Stärksten zu töten. Hobbes sieht den letzten Grund allen Handelns in der Selbsterhaltung. Und einzig zum Zwecke der Selbsterhaltung muss jedes einzelne Individuum jedem anderen misstrauen, denn keiner kann jemals sicher sein, dass der andere ihn nicht überwältigen oder gar töten würde. Unter diesen Bedingungen ist es nur rational, dass man versucht, dem anderen zuvor zu kommen.

Der Naturzustand ist auf diese Weise zwangsläufig ein Kriegszustand. Und zwar ist es ein Krieg aller gegen alle. Da keinerlei Planungssicherheit besteht, können sich weder Landwirtschaft noch Handel entwickeln, von weitergehender Kultur, wie Kunst oder Wissenschaft ganz zu schweigen. Das Leben im Naturzustand wird von ständiger Angst beherrscht. Das Leben ist armselig, elend und kurz, sagt Hobbes.

Es gibt im Naturzustand keinerlei Begriff von Recht und Unrecht, da diese einen Gesetzgeber voraussetzen. Es gibt damit auch keinerlei Moral, sondern nur rationale Klugheitsregeln im Dienst der Selbsterhaltung. Aus eben diesen vernünftigen Überlegungen müssen die Individuen am Ende zu der Einsicht gelangen, dass es besser wäre, den Frieden zu suchen und den Kriegszustand zu beenden. Das ist jedoch nur unter dem Gesichtspunkt der Gegenseitigkeit möglich. Jeder Einzelne verzichtet auf sein umfassendes Recht auf alles unter der Bedingung, dass die anderen es auch tun. Eine solche Vereinbarung ist nur durch einen Vertrag möglich. Durch diesen Vertrag wird das Recht allererst geschaffen. Hobbes ist also reiner Rechtspositivist.

Hobbes propagiert einen Vertrag, den alle miteinander abschließen, und in dem alle ihre natürliche Gewalt auf einen Souverän übertragen, womit der Staat geschaffen ist. Diesen Staat bezeichnet Hobbes mit Bezug auf ein biblisches Ungeheuer als Leviathan, als künstlichen Gott. Der Souverän erlässt Gesetze und kann ihre Einhaltung erzwingen, damit schafft er Rechtssicherheit, selbst wenn es sich um die Diktatur einer absoluten Monarchie handelt. Denn für Hobbes ist jeder Staat besser als die Anarchie des Naturzustandes, die er zu seiner Zeit im Bürgerkrieg wüten sah.

Die Rechtsübertragung hat jedoch eine grundlegende Bedingung, nämlich die Selbsterhaltung des Individuums. Niemand kann auf seine Selbsterhaltung verzichten, da sie ja die Bedingung aller Regeln und auch des Staates ist. In dem Augenblick, wo der Souverän die Selbsterhaltung seiner Bürger missachten würde, wäre auch der Gesellschaftsvertrag aufgelöst und der Kriegszustand würde wieder eingesetzt. Hobbes wurde zwar vordergründig zum Fürsprecher des Absolutismus, er ist aber mit gleichem Recht als der Begründer des modernen Rechtsstaates zu bezeichnen, denn er änderte das Begründungsverhältnis der Politik. Seit ihm ist im neuzeitlichen Denken das Individuum die absolute Grundlage des Staates.

Auf Hobbes‘ Grundlagen entwickelt sich die Philosophie des Liberalismus. Bei John Locke (1632-1704) wird der Naturzustand moralisch aufgeladen, da Locke das Prinzip der Selbsterhaltung normativ auffasst. Sie können auch sagen, dass er die Selbsterhaltung konkretisiert, indem er sie in Gestalt von Rechten in Teilaspekte auffaltet. Es gibt von Natur aus angeborene und unveräußerliche Rechte, nämlich Leben, Freiheit und Eigentum, die auch jeder Staat achten muss. Damit ist die Idee der Menschenrechte geboren. Das objektive Naturrecht der Tradition hat sich damit in eine Vielzahl subjektiver natürlicher Rechte verwandelt. Diese unveräußerlichen Rechte werden bei Locke als reine Abwehrrechte gedacht. Unter ihnen gewinnt das Recht auf Eigentum eine überragende Bedeutung, was so weit geht, dass Locke auch Leben und Freiheit als eine Form des Eigentums betrachtet.

Ausführlich befasst er sich mit der Rechtfertigung des Eigentums. Ursprünglich gehört die Erde allen Menschen gemeinsam. Persönliches Eigentum kann jemand durch Arbeit erwerben, denn wenn er ein Stück Land oder irgendwelche Dinge bearbeitet, so vermischt er sie mit seiner Tätigkeit und darf sie dem Gemeineigentum entnehmen. Dies kann zum Beispiel darin bestehen, dass er ein Feld bebaut. Im Naturzustand darf jeder aber nur so viele Früchte und Güter für sich anhäufen, wie er selbst verwenden kann. Was verderben würde, fällt wieder in den Gemeinbesitz zurück. Das ändert sich jedoch mit der Erfindung des Geldes, denn jetzt ist es möglich, Früchte oder bearbeitete Dinge gegen Geld zu tauschen und Geld kann nicht verderben und darf daher unbegrenzt angehäuft werden. Locke wird so zum Begründer des Liberalismus, wobei die Freiheit zwei Seiten hat, die untrennbar verbunden sind: die liberalen Freiheitsrechte des zivilen Bürgers und die kapitalistische Eigentumsanhäufung des Besitzbürgers. Das eine ist ohne das andere nicht zu haben.

Der gleiche John Locke ist der Begründer des Empirismus in der Erkenntnistheorie. Er wendet sich entschieden gegen die Vorstellung angeborener Prinzipien oder Begriffe, wie Descartes und die Rationalisten sie behaupten. Es gibt bei ihm weder theoretische noch praktische angeborene Ideen. Der menschliche Geist ist ursprünglich so leer wie ein unbeschriebenes Blatt Papier, sagt Locke. Alles Wissen und alle Erkenntnis gehen letztlich allein auf Erfahrung zurück. Locke unterscheidet zwei Quellen der Erfahrung: Da ist einmal die sinnliche Wahrnehmung, durch die der Geist Eindrücke von den Gegenständen der Außenwelt erhält, wie Farbe, Temperatur, Größe, Geschmack und so weiter. Dazu kommt die innere Selbstwahrnehmung, nämlich das, was der Geist aus seinen mentalen Tätigkeiten erfährt. Hier ist an Erinnerungen, Vergleiche, Verbindungen und Ordnungen zu denken, die der Verstand innerhalb der sinnlichen Eindrücke schafft.

George Berkeley (1685-1753) treibt Lockes Theorie einen Schritt weiter, wenn er behauptet, dass außer Wahrnehmungen gar nichts mehr benötigt wird. Sein ist Wahrgenommen-Werden, sagt Berkeley, sonst nichts. Doch existiert dann ein Tisch noch, wenn ich das Zimmer verlasse und ihn nicht mehr sehe? Er existiert noch in der Wahrnehmung des Bewusstseins anderer, sagt Berkeley. Und wenn ihn niemand mehr wahrnimmt, dann existiert er im Bewusstsein Gottes. Denn Gott ist ein schaffender Geist, der die Vorstellungen erzeugt, die unsere nur rezipierenden Geister wahrnehmen.

Seinen Abschluss und Höhepunkt findet der Empirismus bei David Hume (1711-1776). Hume unterscheidet zwischen Vorstellungen, die einzig im Geist bestehen, wie die Sätze der Mathematik, und Tatsachen, die auf Erfahrung beruhen. Nur bei den Vorstellungen des Geistes sind sichere Beweise möglich, bei Tatsachen besteht immer nur ein bestimmter Grad an Wahrscheinlichkeit. Bei Tatsachenwahrheiten werden Ereignisse durch Kausalität miteinander verbunden: Die eine wird als Ursache, die andere als Wirkung behandelt. Auf diese Weise erkennen wir zum Beispiel das Feuer als die Ursache der Hitze. Wenn wir im Laufe der Zeit ähnliche Verknüpfungen immer wieder miteinander wahrnehmen, so schließen wir beim

Beobachten der Ursache zwangsläufig auf die Wirkung. Auf diese Weise unterstellen wir durch Gewohnheit eine Gesetzmäßigkeit, die doch immer nur eine bestimmte Wahrscheinlichkeit hat. Dies gilt auch für Naturgesetze.

Die Gewohnheit wird so zur Führerin durch das Leben und für die Belange des alltäglichen Lebens reicht dies auch aus. Eine wissenschaftliche Notwendigkeit der Beziehung besteht jedoch nicht. Hume kommt damit zum Ergebnis, dass wir auf empirischem Wege niemals zu einer notwendigen Erkenntnis gelangen können, sondern nur zu unterschiedlichen Graden der Wahrscheinlichkeit. Auch wenn etwas bisher immer in bestimmter Weise eingetreten ist, so besteht doch keine Notwendigkeit, dass es morgen wieder so sein muss. Um ein Beispiel Humes aufzugreifen: Es ist zwar sehr wahrscheinlich, dass die Sonne auch morgen wieder aufgehen wird, jedoch nur wahrscheinlich, nicht absolut sicher.

Aufklärung und Rousseau

Im 18. Jahrhundert war die Aufklärung die vorherrschende Philosophie in Europa. Sie griff die Ideen aus England auf, übernahm und radikalisierte sie. Das Zentrum der Aufklärung lag in Frankreich. Der Grundzug des Zeitalters war der Glaube an den Fortschritt. Die christliche Eschatologie wurde weltlich gedeutet als eine immer weiter voranschreitende Verbesserung. Die Philosophie sah sich jetzt als Entfaltung der Vernunft, hin zu einem immer vollkommeneren Wissen und zur Emanzipation des Menschen von den Fesseln der traditionellen Ständegesellschaft und der Religion.

Das bekannteste Gesicht der Aufklärung war Voltaire (1694-1778), der eher ein genialer Vermittler denn ein kreativer Denker war. Voltaires Verdienst ist die Übertragung der Philosophie John Lockes nach Frankreich und die Zuspitzung vieler

Themen. Vernunft, Freiheit und Toleranz sind seine Leitsterne. Sein wichtigstes Werk ist der satirisch-philosophische Roman *Candide,* der die leibnizsche Theorie von der besten aller Welten ad absurdum führt. Weitere Hauptvertreter der Aufklärung waren Denis Diderot (1713-1784) und Charles des Montesquieu (1689-1755), dessen Name mit der Theorie der Gewaltenteilung verbunden ist.

Der wichtigste Philosoph der Aufklärung war jedoch zugleich ihr größter Kritiker, es war Jean-Jacques Rousseau (1712-1778). Als Autodidakt erregte er zum ersten Mal Aufsehen mit kulturkritischen Aufsätzen, in denen er den Fortschritt leugnete. In seiner Abhandlung *Über den Ursprung der Ungleichheit unter den Menschen* entwarf er eine Theorie vom Naturzustand, die diametral entgegengesetzt zu den Theorien von Hobbes und Locke steht. Rousseau sieht den Naturzustand als ein prinzipiell friedliches Nebeneinander von Menschen, die im Einklang mit der Natur leben und vom angeborenen Gefühl des Mitleids an Übergriffen gehindert werden. Das Unheil beginnt mit der Entwicklung der Kultur, die die Menschen korrumpiert und vor allem mit der Entstehung des Eigentums. Der Erste, der behauptete, ein Stück Erde sei seines, beging den Sündenfall.

Rousseau plädiert aber keineswegs für die Rückkehr zum Naturzustand, wie manchmal unterstellt wird. Er will einen gesellschaftlichen Zustand herstellen, in dem das gleiche Maß an Freiheit besteht wie im Naturzustand. Dies stellt er in seinem Hauptwerk *Der Gesellschaftsvertrag* dar, der mit der These beginnt, der Mensch sei frei geboren, doch überall liege er in Ketten. Das Ziel der Theorie ist es, einen Zustand von Staat und Gesellschaft zu finden, bei dem jeder genauso frei ist wie im Naturzustand, da er nur seinen selbstgegebenen Gesetzen gehorcht.

Die Lösung ist Rousseaus Theorie vom allgemeinen Willen, dem *volonté generale.* Rousseau unterscheidet den allgemeinen Willen vom besonderen Willen, dem individuellen und egoistischen Willen jedes Einzelnen. Der allgemeine Wille vertritt das, was jedermann wirklich will oder wollen würde, wenn er völlig frei wäre, was auch bedeutet: frei von seinen egoistischen Begierden und Sonderinteressen. Da der allgemeine Wille auf diese Weise auch der ideale Wille jedes Einzelnen ist, ist es für Rousseau gerechtfertigt, dass jemand, der uneinsichtig ist, zum allgemeinen Willen gezwungen werden dürfe. Denn dies heißt nichts anderes, als ihn dazu zu zwingen, frei zu sein.

Dass der allgemeine Wille nicht unbedingt über eine demokratische Mehrheitswahl gefunden wird, macht Rousseau deutlich, indem er ihn vom Willen aller unterscheidet, der nur der zufällige Wille einer Mehrheit ist. Die faktische Zustimmung der Menschen besagt nicht unbedingt, dass sie das Gemeinwohl vertreten. Damit eröffnet Rousseau die Möglichkeit, dass jemand mit dem Anspruch, im Besitz des allgemeinen Willens zu sein, die anderen Menschen umerzieht. Rousseaus Anspruch an die Gesellschaft geht über die bloße Verwaltung und über Wahlen hinaus. Er will den authentischen Menschen und eine echte Gemeinschaft der Gesinnung, keinen bloßen Interessenverband. Das bedeutet aber auch, dass die Menschen zum richtigen Bewusstsein geformt werden müssen.

Neben der politischen Philosophie widmet sich Rousseau deshalb auch der Erziehung und verfasste mit dem philosophischen Roman *Emile* (1762) einen Klassiker der Pädagogik. Alles ist gut, so wie es von Natur aus ist, nur unter den Händen des Menschen entartet alles, sagt Rousseau. Doch in der Gesellschaft, so wie sie nun einmal ist, würde es nichts nutzen, den Menschen ganz natürlich sich selbst zu überlassen. Unter all den bestehenden sozialen und kulturellen Zwängen würde er untergehen. Auf Erziehung kann also nicht verzichtet werden, aber sie sollte so ablaufen, dass die Natur des Kindes möglichst wenig verbogen wird. Die Erziehung soll so verlaufen, dass man die Kinder weniger zu etwas drängt, als dass man ihre Selbstentwicklung fördert und begleitet.

Kant und die reine Vernunft

Immanuel Kant (1724-1804) ist der wichtigste Philosoph der Neuzeit und neben Platon und Aristoteles einer der wichtigsten Denker der gesamten Philosophiegeschichte. Er bringt alle Themen der neuzeitlichen Philosophie zum Abschluss und bereitet die eigentliche Moderne vor.

Kants Hauptwerk ist die *Kritik der reinen Vernunft*, in der er nach den Bedingungen und Grenzen menschlicher Erkenntnis fragt. Der Rationalismus suchte Erkenntnis im reinen Denken, denn nur so konnte Gewissheit und Allgemeingültigkeit gesichert werden, jedoch führte er zu realitätsfernen Spekulationen. Der Empirismus machte die Erfahrung zur einzigen Grundlage jeder Erkenntnis, konnte jedoch auf diesem Weg keine Notwendigkeit und keine Allgemeingültigkeit erreichen. Kant führt die Philosophie aus dieser Sackgasse, indem er beiden Positionen Einseitigkeit vorwirft. Es geht nicht um Denken *oder* Erfahrung, sondern beides ist nötig, um zu gesicherter Erkenntnis zu gelangen. Anschauungen ohne Begriffe sind blind, Begriffe ohne Anschauung sind leer, sagt Kant.

Die Kernfrage der *Kritik der reinen Vernunft* lautet: „Wie sind synthetische Sätze a priori möglich?" Analytische Sätze gelten *a priori*, also notwendig und allgemein, da in ihnen nur die Bedeutung eines Begriffs erläutert wird: Ein Kreis ist rund, ein Schimmel ist ein weißes Pferd. Wäre der Kreis nicht rund, so wäre es kein Kreis. Synthetische Sätze fügen zu einem Begriff eine Bestimmung hinzu, die nur durch Erfahrung gewonnen werden kann, sie gelten damit nur empirisch oder *a posteriori*, da Sie zu ihrer Überprüfung immer nachschauen müssen. Ein synthetischer Satz a priori ist demnach einer, der zwar eine Aussage trifft, die mehr sagt als reine Begriffserläuterung, der aber trotzdem allgemeingültig ist, das heißt, immer und überall gilt, zum Beispiel die Sätze der Mathematik. Nur wenn es solche synthetischen Sätze a priori auch als Naturgesetze gibt, kann unsere Erkenntnis über den Zustand bloßer Wahrscheinlichkeit hinausgelangen.

Kant bezeichnet seine Methode als transzendental. Damit ist gemeint, dass er nach den Bedingungen der Möglichkeit der Erkenntnis fragt. Bevor Dinge und Ereignisse in der Welt erkannt werden sollen, muss also zunächst geklärt werden, welche Voraussetzungen der menschliche Erkenntnisapparat mitbringt. Das ist einmal die Sinnlichkeit, die uns über Sinnesdaten empirische Anschauungen liefert und dann der Verstand, der mit seinen Begriffen diese Anschauungen gliedert.

Die Sinne liefern in Raum und Zeit Sinnesdaten, wobei Raum und Zeit bei Kant Anschauungsformen sind, das heißt, Sie als menschliches und endliches Wesen bringen Raum und Zeit mit, da sie nur unter dieser Bedingung Sinnesdaten erfassen können. Gott beispielsweise wäre nicht an Raum und Zeit gebunden. Ihre Sinnesdaten sind jedoch völlig unbestimmt, es sind optische, akustische und haptische Reize, mehr nicht. Damit Sie in diesen Strom aus Reizen Gegenstände und Ereignisse erkennen, müssen Sie sie geordnet aufnehmen. Und diese Ordnung liefert Ihr Verstand.

Die Grundstrukturen des Verstandes sind die Kategorien. Dazu zählt Kant Begriffe wie Einheit, Realität oder Negation, Kausalität, Möglichkeit und Notwendigkeit und andere. Diese Kategorien sind die Denkformen des Verstandes, denen alles, was dem Erkenntnisapparat begegnet, entsprechen muss. Mit der Kategorie der Einheit identifizieren sie in Ihrem Sinnenfluss einen farbigen Ball als Gegenstand, mit der Kategorie der Kausalität identifizieren Sie den Wurf Ihres Kindes als Ursache der Bewegung, mit der der Ball auf Sie zufliegt. Sie erkennen ein einfaches Ereignis. Sie fragen nach der Ursache der Bewegung und Sie können gar nicht anders, da jedes Ereignis Ihrer Erfahrungswelt eine Ursache haben muss. Einfach deshalb, weil die Kausalität von Ursache und Wirkung als Kategorie eine Denkform ist. Ein Ereignis, das keine Ursache hätte, könnte in Ihrer Erfahrungswelt nicht vorkommen.

Bei Kant gehören also weder die Anschauungsformen Raum und Zeit, noch die Denkformen zur objektiven Erfahrungswelt, sondern es sind Strukturen, die im Erfahrungssubjekt liegen. Doch wenn alle Kategorien und Anschauungsformen menschliche Zutaten sind, was sind dann die Gegenstände selbst? Was sind sie *an sich*? Kant sagt, dass wir die Gegenstände nur als Erscheinungen erkennen können, nicht als Dinge an sich. Was ein Ding, ganz unabhängig von unserer subjektiven Hinsicht *an sich* ist, darüber können wir nichts sagen.

Das wird manchmal so missverstanden, als würde Kant die Welt gleichsam durch eine bunte Brille betrachten und deshalb einen verfälschenden Schein annehmen, so als müsste man die Brille nur abnehmen. Damit verfehlt man aber die eigentliche Pointe von Kants Philosophie. Es gibt nicht hinter der Erscheinung noch ein Ding an sich, zu dem man versuchen könnte, durchzudringen. In unserer Erfahrungswelt können nur Erscheinungen auftauchen, so etwas, wie ein Ding an sich, kann prinzipiell nicht vorkommen, da ohne Anschauungen und Begriffe keine Erkenntnis möglich ist. Wenn Sie eine dunkle Brille aufhaben, können Sie fragen, wie etwas aussieht, wenn Sie die Brille abnehmen, aber Sie können nicht fragen, wie es aussieht, wenn Sie es ohne Augen betrachten, da die Augen die Bedingungen der Möglichkeit sind, dass etwas irgendwie aussehen kann.

Die ganze Wirklichkeit wird damit abhängig von unserem menschlichen Erkenntnisapparat, und genau deshalb sind synthetische Sätze a priori möglich. Bleiben Sie beim Beispiel der Kausalität. Da kein Ereignis auftreten kann, das ohne

Ursache ist, da wir zwangsläufig immer in Ursache-Wirkungsbeziehungen denken müssen, deshalb sind die entsprechenden Naturgesetze allgemein gültig und zwingend notwendig. Jedes Ereignis hat eine Ursache. Das bedeutet aber auch, dass wir die Naturgesetze nicht in der Natur finden, sondern, dass unser Verstand sie der Natur vorschreibt. Kant spricht hier von einer neuen kopernikanischen Wende.

Der Verstand ermöglicht es uns, Dinge und Ereignisse zu identifizieren, die Vernunft erst fügt die einzelnen Erfahrungsereignisse zu einer Welt zusammen. Kant bezeichnet die Vernunft als das Vermögen der Ideen. Sie zielt auf eine einheitliche Erfahrungswelt. Die Ideen der Vernunft sind auf Unendlichkeit gerichtet. Am besten ist dies an der Idee der Freiheit zu veranschaulichen. Die Kategorie der Kausalität ordnet alles Geschehen nach den Beziehungen von Ursache und Wirkung. Damit muss jedes Erfahrungsereignis eine Ursache haben, da wir es nicht anders denken können. Diese Ursache muss jedoch wieder eine Ursache haben, hinter der ebenfalls eine Ursache steht und so immer weiter. Es ergibt sich eine ins Unendliche reichende Reihe von Ursachen.

Die Vernunft denkt die Ereignisse der Erfahrungswelt zu Ende, ins Unendliche. Dabei verwickelt sie sich jedoch in Widersprüche. Da jede Ursache wieder als Wirkung einer anderen Ursache gedacht werden muss, ergibt sich ein unendlicher Regress. Das kann aber nicht sein, denn genauso einleuchtend ist es für die Vernunft, dass es eine erste Ursache geben muss. Bei der können Sie aber wieder nach einer Ursache fragen. Kant nennt solche Widersprüche Antinomien der Vernunft und er sagt, dass sie unvermeidbar sind. Das liegt daran, dass unsere Erkenntnis immer auf sinnliche Anschauungen angewiesen ist, das Unendliche jedoch nicht wahrgenommen werden kann. Hier laufen unsere Begriffe gleichsam leer, wir wenden sie auf Bereiche an, für die sie nicht gelten können, gleichzeitig können wir aber nicht anders denken. Mit den Ideen der

Vernunft gelangen wir in Regionen, in denen keine sichere Erkenntnis möglich ist, deshalb spricht Kant von einer regulativen Funktion der Ideen. Sie weisen uns eine Richtung, in die die Erkenntnis zu gehen hat, können selbst aber nie eingeholt werden.

Der erste Anfang einer Kausalreihe wäre ein Ereignis ohne Ursache, es wäre ein Akt aus Freiheit. Neben der Idee der Freiheit steht auch die Idee von Gott, der ebenfalls grundsätzlich nicht erkannt werden kann. Wichtig ist, dass Kant nicht behauptet, es gäbe keine Freiheit oder keinen Gott, er sagt, dass sie niemals ein Gegenstand möglicher Erkenntnis werden können. Ebenso wie die Freiheit nicht bewiesen werden kann, kann sie nämlich auch nicht widerlegt werden. Auf diesem Ergebnis der *Kritik der reinen Vernunft* setzt Kants Ethik auf. Denn Freiheit ist die Voraussetzung moralischen Handelns.

Der Gegenstand der Ethik ist für Kant allein der Wille. Er stellt zunächst fest, dass jede Handlung, die auf irgendeine Ursache zurückgeht, nicht moralisch sein kann, da sie nicht frei ist. Kant spricht hier von Neigungen, die als Ursachen einer Handlung auftreten und die allesamt in letzter Konsequenz selbstbezogen sind. Kant ist sehr findig bei der Analyse von Handlungsmotiven. Immer wenn Sie etwas tun, um Bedürfnisse oder Wünsche zu befriedigen, handeln Sie nicht moralisch. Selbst wenn Sie die edelste und selbstloseste Tat begehen, jedoch nur, um als edler Mensch gelobt zu werden, handeln Sie nicht moralisch, da Ihr eigentliches Motiv der Wunsch nach Anerkennung ist. Kant spricht in solchen Fällen von hypothetischen Imperativen, die immer die Form haben: Wenn du x erreichen willst, tue y. Wenn Sie auch unbewusste Motive und hormonelle Ursachen mit einbeziehen, so werden Sie immer eine Ursache und nie Moral finden. Es kann ja auch gar nicht anders sein, sagt Kant, da Sie die Welt eben gar nicht anders als unter der Beziehung von Ursache und Wirkung betrachten können. Auf theoretischem Wege können Sie also keine Freiheit und damit auch keine moralische Handlung finden.

Die Ethik ist aber das Feld der Praxis, hier geht es nicht darum, wie die Welt ist, sondern wie sie sein soll. Ein hypothetischer Imperativ formuliert immer eine Bedingung, Freiheit und Moral müssen aber unbedingt sein, ein Gesetz der Moral darf nicht als hypothetischer Imperativ an eine Bedingung geknüpft werden, es muss unbedingt und kategorisch gelten, es ist ein kategorischer Imperativ. Da alle Bedingungen eine inhaltliche materiale Bedeutung haben, muss der kategorische Imperativ ohne alle inhaltliche Bestimmung auskommen und nur eine formale Forderung stellen: "Handle so, dass die Maxime deines Handelns immer zugleich zur Grundlage einer allgemeinen Gesetzgebung dienen könnte."

Dieser kategorische Imperativ, den Kant auch als das Moralische Gesetz bezeichnet, entspringt einzig und allein der reinen Vernunft und er verlangt im Grunde nichts anderes, als dass reine Vernunft wirklich werden soll. Eine Handlung, die nur dieses Moralische Gesetz als Motiv hat, ist gleichzeitig eine Handlung aus Freiheit. Sie kann zwar nicht bewiesen werden, aber da Sie laut Kant unweigerlich unter dem Anspruch des Moralischen Gesetzes stehen, dem Faktum des Sollens, können Sie Freiheit durch Ihre Tat verwirklichen: Du kannst, denn du sollst, sagt Kant.

Da der Kategorische Imperativ das Gesetz der eigenen Vernunft ist, ist er ein selbstgegebenes Gesetz. Wenn Sie ihm folgen, verwirklichen Sie Freiheit als Autonomie, denn Moral ist bei Kant identisch mit Freiheit. Auf diesem Anspruch des Moralischen Gesetzes beruht Kants Begriff der Person, der das Prinzip der Menschenwürde zum Kern hat. Es gilt die Menschheit in der Person eines jeden zu achten. Jeder Mensch, wie unvollkommen und verbrecherisch er auch sein mag, ist doch zugleich auch Träger des moralischen Gesetzes und muss deshalb menschenwürdig behandelt werden. Kant sagt, dass der Mensch immer zugleich als Zweck und niemals bloß als Mittel behandeln werden darf. Nur Menschen haben Würde, alles andere hat einen Preis.

Hegel und der Deutsche Idealismus

Kant hatte der Erkenntnis ein sicheres Fundament gegeben, zugleich aber ihre Grenzen aufgewiesen. Es gibt Dinge, die einer theoretischen Erkenntnis nicht zugänglich sind. Seine direkten Nachfolger, die Philosophen des Deutschen Idealismus, Fichte, Schelling und Hegel, bauten auf Kants Transzendentalphilosophie auf, wollten aber seine Grenzen nicht anerkennen, sie führten die Metaphysik ganz im Gegenteil in die Regionen höchster und abenteuerlichster Spekulation. Ihre Bücher gehören zum Anspruchsvollsten und Schwerverständlichsten, was die Philosophie jemals hervorgebracht hat. Bei Kant wurde die Wirklichkeit durch die Vernunft und ihre Begriffe konstituiert und bestand nur in Abhängigkeit von einem Erkenntnissubjekt. Bei den Idealisten wurde die ganze Wirklichkeit zu einer Selbstentfaltung des Geistes.

Johann Gottlieb Fichte (1762-1814) hatte noch direkt bei Kant studiert. Für ihn ist das Bewusstsein der zentrale und eigentlich einzige Gegenstand der Untersuchung. Den absolut ersten und schlechthin unbedingten Grundsatz alles menschlichen Wissens findet er im reinen Ich, das er als Tathandlung versteht. Es darf nicht mit dem empirischen Ich als Person verwechselt werden, sondern liegt ihm zugrunde. Dieses sich selbst als seiend setzende Ich nennt Fichte das absolute Subjekt. Ursprünglich ist nichts gesetzt als das Ich und alles, was ihm entgegengesetzt wird, ist Nicht-Ich. Mit dem absoluten Subjekt steht am Anfang jeder Erkenntnis eine Handlung, aus der empirisches Bewusstsein und Welt entspringen, die Wirklichkeit erhält ihre Geltung aus dem Ich und besteht nur in Beziehung zum Ich.

Friedrich Wilhelm Joseph Schelling (1775-1854) wurde schon in jungen Jahren zu einem Star der Philosophie und verfasste in rascher Folge mehrere Werke. Bei ihm wurde die Natur ein wesentliches Thema der Philosophie, jedoch nicht im Sinne biologischer Forschung. Schelling postuliert die Identität von Natur und Geist, in dem Sinne, dass im Geist die Natur zum Selbstbewusstsein kommt. In seinen späteren Werken, von denen heute vor allem die *Philosophischen Untersuchungen über das Wesen der menschlichen Freiheit* gelesen werden, gelangt er zu einem allumfassenden Pantheismus, indem er Gott in den existierenden Gott und den irrationalen Grund Gottes aufspaltet. Aus dieser Spannung entspringt die Welt und auch der Gegensatz von Gut und Böse. Schelling gelangt damit in fast schon mystische Regionen, in die ihm schwer zu folgen ist.

Der wichtigste und wirkungsmächtigste Denker des Deutschen Idealismus ist Georg Wilhelm Friedrich Hegel (1770-1831), der während des gemeinsamen Studiums in Tübingen zusammen mit dem Dichter Friedrich Hölderlin ein Zimmergenosse Schellings war. Hegel beansprucht mit seiner Philosophie die Gesamtheit aller Bereiche des Seins, von der Natur über die Geschichte bis zu allen Ausgestaltungen von Kultur und Wissenschaft als einheitliches System darzustellen.

Bei ihm rückt der Gedanke der geschichtlichen Entwicklung in den Mittelpunkt. Die gesamte Wirklichkeit wird als eine stetig voranschreitende Selbstentfaltung verstanden, und zwar als eine Selbstentfaltung des Geistes. Hegel will damit die Trennung von Subjekt und Objekt überwinden. Der Geist ist nicht einfach da, sondern er geschieht. Der Mensch ist schließlich der Ort, an dem der Geist zum Selbstbewusstsein kommt, oder anders ausgedrückt, in dem der Geist sich selber anschaut und erkennt. Dieses ganze Sein, das sich selbst erkennt, ist zugleich Gott. Für Hegel zählt immer das Ganze. Die eigentliche Wahrheit ist nicht nur die letzte und höchste Stufe, sondern sie ist das Ganze der Entwicklung. Die Wahrheit ist also nicht nur das Ergebnis, sondern zugleich der ganze Entwicklungsprozess.

Hegel erklärt diese Entwicklung mit seinem berühmten dialektischen Dreischritt aus These, Antithese und Synthese. Jede Entwicklungsstufe ist immer auch etwas Einseitiges und treibt ihren eigenen Gegensatz aus sich hervor. Wenn Sie versuchen das reine Sein zu denken, nur Sein und nichts sonst, wenn Sie alle besonderen Bestimmungen weglassen und nur versuchen, beim Sein zu bleiben, was denken Sie dann? Sie denken eigentlich nichts. Reines Sein schlägt um in reines Nichts, als Antithese zur These. In dieser Bewegung aus Sein und Nichts finden Sie aber eine Synthese, nämlich das Werden. Im Werden sind Sein und Nichts aufgehoben, und zwar ebenfalls in einem dreifachen Sinn: Sie sind einmal darin bewahrt, da Sein und Nichts Stufen im Prozess des Werdens sind, sie sind zweitens aber auch aufgehoben im Sinne von überflüssig oder ungültig gemacht, da das Werden ja das reine Sein und reine Nichts ersetzt und sie sind drittens auf eine höhere Ebene gehoben, da das Werden eine tiefere Einsicht beinhaltet als die bloße Gegenüberstellung von Sein und Nichts. Diese Entwicklung wiederholt sich jedoch auf der nächsten Ebene wieder.

In seinem ersten Werk, der *Phänomenologie des Geistes*, stellt Hegel die Entwicklung des menschlichen Bewusstseins in seinen verschiedenen Stufen und Formen dar. Er beginnt bei der sinnlichen Gewissheit und schreitet über die Wahrnehmung, das Selbstbewusstsein, die Vernunft, den Geist und die Religion bis zum absoluten Wissen voran. In seiner *Wissenschaft der Logik* bietet Hegel eine detaillierte Begriffsanalyse aller metaphysischen Grundbegriffe, denn er glaubt, dass die Begriffe des Geistes in einem systematischen Zusammenhang miteinander stehen und auseinander ableitbar sind. Er will die Begriffe des reinen Geistes, die zugleich die Begriffe des Seins sind, herausdestillieren. Er bringt dies in die griffige Formel, dass die *Wissenschaft der Logik* die Gedanken Gottes vor der Schöpfung darstellt.

In seinem letzten Werk, den *Grundlinien der Philosophie des Rechts*, befasst Hegel sich mit der Moral- und Staatsphilosophie. Es geht darum, wie der Geist sich im menschlichen Zusammenleben verwirklicht. Da die Weltgeschichte eine notwendige Entwicklung zu immer mehr Vernunft darstellt, ist sie aus Hegels Sicht auch gerechtfertigt. Im Großen und Ganzen betrachtet musste alles so kommen, wie es kam, und es ist auch alles gut, so wie es kam. In der Vorrede spricht Hegel dies auch ganz deutlich aus: „Was vernünftig ist, das ist wirklich und was wirklich ist, das ist vernünftig." Die individuelle Freiheit und die individuelle Moral des Einzelnen sind für Hegel nur die erste Stufe der Verwirklichung von Moral, gewissermaßen die Vorstufe. Für Hegel ist es aber entscheidend, dass Moral sich nur in den Institutionen vollkommen verwirklichen kann. Der Geist verwirklicht sich nicht im Bewusstsein einzelner Menschen, sondern als vernünftige Gesellschaft und Rechtsordnung einer Gemeinschaft. Erst als Staat ist der Geist wirklich. Erst im Staat kann auch Freiheit verwirklicht werden.

Die ganze Geschichte ist also notwendig, damit der Geist sich in ihr entfalten kann. Der Weltgeist benutzt gewissermaßen die Ereignisse und Krisen der Weltgeschichte um sich nach oben zu arbeiten. Sehr oft ist den Menschen gar nicht bewusst, was in Wahrheit geschieht, sie sehen sich als Opfer von Kriegen und Katastrophen, während diese Ereignisse doch in Wirklichkeit notwendig sind, damit der Weltgeist eine höhere Stufe erreicht. Hegel richtet seinen Blick immer auf das Ganze, das Wohlergehen einzelner Menschen ist für ihn nur unwichtiges Sonderinteresse. Was zählt, ist die Entwicklung der gesamten Menschheit.

Philosophie im 19. Jahrhundert

Mit Hegels Tod 1830 und Goethes Tod zwei Jahre später endete das Zeitalter des Idealismus und machte einem nüchternen Materialismus Platz. Die Hegelsche Schule spaltete sich in den Rechts- und den Linkshegelianismus. Die Rechtshegelianer betonten die Rolle des Staates und widmeten sich der Erforschung der Gesetze der Geschichte. Für sie stand die faktische Welt im Mittelpunkt. Hier gewann der Rechtspositivismus großen Einfluss. Die Linkshegelianer wendeten Hegels Geschichtsdeutung ins Materielle, behielten aber den kritischen Fortschrittsbegriff bei, sie wollten die Welt verbessern. Die wichtigsten Vertreter dieser Richtung sind Ludwig Feuerbach (1804-1872) und Karl Marx, den ich Ihnen im nächsten Kapitel ausführlicher vorstellen werde. Feuerbach deutet in seinem religionskritischen Hauptwerk *Das Wesen des Christentums* die Idee Gottes als Projektion menschlicher Ideale. Nicht Gott hat den Menschen, sondern der Mensch hat Gott geschaffen.

In Frankreich etablierte sich nach einer kurzen Blütezeit des sogenannten Frühsozialismus mit seinen Hauptvertretern Pierre-Joseph Proudhon und Henri de Saint-Simon der Positivismus von Auguste Comte (1798-1857), der die Geschichte als eine gesetzmäßige Entwicklung in Sinne einer naturwissenschaftlich und soziologisch gewendeten Aufklärung versteht. In England wurde der Utilitarismus zur vorherrschenden Philosophierichtung, begründet von Jeremy Bentham (1748-1832) und in seine klassische Form gebracht von John Stuart Mill (1806-1873). Damit traten die Prinzipien der Nützlichkeit und der Lustmaximierung in den Mittelpunkt. Das größte Glück der größten Zahl lautet sein Grundprinzip.

Waren diese vorherrschenden Strömungen der Philosophie optimistisch und fortschrittsgläubig, so dass die wissenschaftliche Durchdringung der Welt und der Gesellschaft und die Abschaffung aller Übel wie Krankheiten und Armut nur eine Frage der Zeit schienen, so standen dem einige Einzelgänger gegenüber, die zu ihrer Zeit kaum zur Kenntnis genommen wurden, die aber aus heutiger Sicht zu den wichtigsten Vertretern der Philosophie des 19. Jahrhunderts gehören: Schopenhauer, Kierkegaard und Nietzsche.

Arthur Schopenhauer (1788-1860) war ein Zeitgenosse des Idealismus und verstand sich ausdrücklich als Konkurrent und Gegner Hegels, von dem er in der öffentlichen und akademischen Wirkung deutlich geschlagen wurde. Auch Schopenhauer baut auf der Philosophie Kants auf und auch er entwirft ein umfassendes System der Welterklärung, das aber nicht optimistisch wie bei den Idealisten, sondern zutiefst pessimistisch ist. Sein Hauptwerk trägt den Titel *Die Welt als Wille und Vorstellung*. Doch hier ist keine zur Entfaltung drängende Vernunft die Triebkraft der Geschichte, sondern ein dumpfer Wille, der als reine blinde Lebenskraft zu verstehen ist, die Schopenhauer als selbstzerstörerische Kraft überall in der Natur und in der Geschichte am Werk sieht. Schopenhauer ist der erste europäische Philosoph, der das damals neu entdeckte indische Denken in den Schriften der *Veden* und *Upanishaden* für sich fruchtbar machte. Er übernahm die Vorstellung des Nirwanas als einzige Lösung für das Wirken des blinden Willens. Es gilt, das Wollen in sich abzutöten und damit ins Nichts einzugehen. Die Kunst und vor allem die Musik nehmen in Schopenhauers Denken einen hohen Stellenwert ein, was seinen Einfluss auf viele Künstler und Dichter ab dem Ende des Jahrhunderts erklärt.

Sören Kierkegaard (1813-1855) war ein dänischer Philosoph und Theologe, der bei seinem Tod fast vergessen war und erst im 20. Jahrhundert wiederentdeckt wurde. Kierkegaards Denken ist zutiefst von religiösen Fragen bestimmt. Er wendet sich gegen das selbstzufriedene bürgerliche Christentum seiner Heimat und wirft ihm Heuchelei vor. In seinem Hauptwerk *Entweder - Oder*, das sich stellenweise wie ein Roman liest, entwirft er zwei grundsätzliche Lebenshaltungen: die Ästhetische und die Ethische, wobei sehr deutlich wird, dass er die Seite des Ethikers vertritt. Der Ästhetiker bleibt immer im Bereich des Möglichen und Spielerischen, er spielt Rollen. Das ästhetische Leben führt nach Kierkegaard zwangsläufig in die Verzweiflung. Die ethische Lebensführung setzt eine Entscheidung voraus, das Eintreten für etwas und die Übernahme von Verantwortung.

In seinen späteren Schriften wird als dritte Variante das religiöse Leben bedeutend, das nicht durch rationale Abwägung, sondern nur durch einen irrationalen Sprung zu erreichen ist. Gott ist als das ganz andere prinzipiell nicht durch Vernunft erkennbar, genauso wenig wie das ewige Leben durch nüchterne Berechnung erreichbar ist. Der Sprung ins Unwägbare, allein auf den Glauben gegründet, ist die unbedingte Voraussetzung. Kierkegaard weigert sich die Welt als gerechtfertigt zu sehen, er beharrt auf dem konkreten Einzelnen, der nie im Allgemeinen aufgehen kann. Mit seinen eindringlichen Analysen der Angst und des Todes wird er zum Vorläufer des Existentialismus. Der wichtigste Philosoph des 19. Jahrhunderts aber ist Friedrich Nietzsche, den ich Ihnen in einem eigenen Kapitel vorstellen werde.

Marx und der Materialismus

Karl Marx (1818-1883) stellt in seinen eigenen Worten die hegelsche Dialektik vom Kopf auf die Füße. Er wendet Hegels Dialektik auf die menschliche Gesellschaft und Geschichte an. Nur dass bei ihm nicht die Entfaltung des Geistes die Entwicklung antreibt, sondern der Wandel der Produktionsmittel. Marx' Theorie ist damit konsequent materialistisch und sie ist universell, da sie die gesamte Menschheitsgeschichte umfasst.

Marx deutet den Gang der Geschichte als eine Folge von Klassenkämpfen. Es gibt immer eine herrschende Klasse, die eine andere unterdrückt, aber schließlich an ihren eigenen Widersprüchen scheitert. Im Feudalismus beispielsweise herrschte die Klasse der Adligen, im Laufe der Entwicklung wurden die Prozesse immer komplizierter und es entstand ein Bürgertum, das die eigentliche Arbeit machte und über das nötige Wissen verfügte. Irgendwann führte dies zu einer Revolution, bei der die bisher unterdrückte Klasse sich zur Herrschaft aufschwang. Im Falle des Bürgertums war es die Französische Revolution.

Doch damit ist die Geschichte der Klassenkämpfe nicht beendet, da nun eine neue Konstellation eingetreten ist. Für Marx ist das Produktionssystem seiner Gegenwart der Kapitalismus und die herrschende Klasse ist die Bourgeoisie. Die Rolle der unterdrückten Klasse hat jetzt das Proletariat inne, die Arbeiter in den Fabriken. Das Proletariat speist sich aus der freigesetzten Landbevölkerung. Sein Elend stellt alles bisher Dagewesene in den Schatten, da die Proletarier von allen Bindungen losgelöst sind und nur noch ihren eigenen Körper besitzen, den sie dem Kapitalisten als Arbeitsmaterial verkaufen. Darin sieht Marx den Widerspruch des Liberalismus, der zwar jedermann das gleiche Recht zugesteht, was für den Bourgeois Anhäufung von Reichtum bedeutet, für den Proletarier aber nur die Selbstaufgabe lässt. Formal besitzt auch er die

Möglichkeit eine Firma zu gründen, in der Praxis fehlen ihm die materiellen Mittel.

Da die Proletarier aller sonstigen Bedeutung beraubt sind, sind sie auf ihr reines Menschentum beschränkt. Die nächste Revolution wird daher nicht einfach wieder nur den Sieg einer bisher unterdrückten Klasse bringen, sondern dieses Mal wird es die letzte und endgültige Revolution sein, die die Reihe der Klassenkämpfe beendet und in die klassenlose und damit kommunistische Gesellschaft führt. Diese Idealisierung des revolutionären Proletariats war vermutlich Marx' größter Irrtum, da die Proletarier der Wirklichkeit keine ideale Gesellschaft herstellen, sondern ihren Teil vom Wohlstand haben wollten.

Marx argumentiert rein materialistisch, Moral und vor allem die Religion haben keinen Eigenwert, sondern dienen nur zur Rechtfertigung der jeweils bestehenden Verhältnisse. Das Sein bestimmt das Bewusstsein sagt Marx, das heißt, jede herrschende Klasse bringt die Moralvorstellungen hervor, die ihren Bestand am besten sichern. Dies gilt in gleicher Weise für die Religion, die Marx in einer berühmten Analyse als Opium des Volkes bezeichnet. Die Illusion eines jenseitigen Glücks tröstet die Menschen über das Elend ihres diesseitigen Zustands hinweg und trägt somit dazu bei, diesen Zustand zu zementieren. Marx schließt dabei an die Religionskritik Feuerbachs an, wirft diesem aber vor, nur abstrakt geblieben zu sein. Die Philosophie hat für Marx aber nicht die Aufgabe, die Wirklichkeit zu beschreiben und zu analysieren, sondern sie soll die Wirklichkeit verändern. Die Philosophie soll parteiisch sein und die Revolution vorantreiben. Dieser Nimbus war entscheidend für den Erfolg des Marxismus im 20. Jahrhundert. Die Anhänger des Marxismus erfreuten sich des Bewusstseins, auf der richtigen Seite der dialektischen Entwicklung der Weltgeschichte zu stehen.

Die Spannung zwischen humanistischem Pathos und nüchterner Analyse ist typisch für Marx' Philosophie. Er nimmt einerseits für sich in Anspruch, keine bestimmte Moral oder Ideologie zu vertreten, sondern nur den objektiven Verlauf der Entwicklung zu beschreiben, da er die tatsächlichen Gesetze der Geschichte hinter allen ideologischen Verbrämungen entdeckt hat. Gleichzeitig beansprucht Marx, die Speerspitze der menschlichen Emanzipation zu vertreten.

Mit dem *Kommunistischen Manifest*, das er zusammen mit Friedrich Engels 1848 veröffentlichte, wollte Marx ganz direkt in die geschichtliche Entwicklung eingreifen. Als die erneute bürgerliche Revolution dieses Mal scheiterte und die erhoffte proletarische Revolution ausblieb, ging Marx ins Exil nach London und verfasste dort in jahrelanger Arbeit auf der Grundlage ausführlicher Detailstudien sein Hauptwerk *Das Kapital*, worin er eine ausführliche Analyse des bestehenden Kapitalismus seiner Zeit vorlegte. Kennzeichen der kapitalistischen Wirtschaft ist die Entfremdung des Arbeiters von seinem Produkt. Der Kapitalist bereichert sich mittels des sogenannten Mehrwerts, da er dem Arbeiter weniger ausbezahlt als seine Arbeitskraft zur Erstellung der Ware wert ist, und diese Differenz, eben den Mehrwert, für sich einstreicht. Auf diese Weise häuft er tendenziell unbegrenzt Kapital an, das wiederum dazu dient, zu noch mehr Kapital zu werden. Das Kapital dient nicht mehr dazu Waren zu kaufen, sondern sich zu akkumulieren. Diese Entwicklung wird nach Marx dazu führen, dass der Kapitalismus an seinen inneren Widersprüchen zerbrechen wird, da immer mehr Kapital in immer weniger Händen konzentriert sein wird, während auf der anderen Seite das Heer der verelendeten Proletarier immer größer wird.

Nietzsche und das Ende der Metaphysik

Friedrich Nietzsche (1844-1900) ist der schärfste Kritiker der abendländischen Philosophie, der alle Theorien der Metaphysik und Ethik grundsätzlich in Frage stellt. Nietzsche leugnet die Möglichkeit einer objektiven Wahrheit und allgemeinverbindlicher Werte. Er sieht hinter jeder Moral selbstsüchtige Motive und erkennt die Abhängigkeit jeder Theorie von der Sprache, womit er zum Vorreiter der Philosophie des 20. Jahrhunderts wird. Wahrheit, das ist nur eine Sammlung von Metaphern, von denen man vergessen hat, dass sie welche sind. An die Stelle der einen Wahrheit treten viele perspektivische Wahrheiten.

Nietzsche führt einen leidenschaftlichen und teilweise polemischen Kampf gegen jede Art von Metaphysik. Dies gipfelt in seinem berühmten Ausspruch „Gott ist tot“, worin weniger eine Kritik der Religion als eine Absage an jede Art von objektiver Sinngebung zum Ausdruck kommt. Mit Gott ist nicht nur ein bestimmtes Gottesbild gemeint, sondern jede Art übergeordneter Sinngebung und ganz ausdrücklich jede teleologische Geschichtsdeutung. Nietzsche bestreitet damit die aufklärerische Idee eines allgemeinen linearen Fortschritts und setzt an seine Stelle das Bild von der Ewigen Wiederkehr des Gleichen. Die Geschichte bewegt sich nicht auf ein Ziel hin, sie dreht sich vielmehr im Kreis. Mit dieser entschiedenen Kritik am Fortschrittsoptimismus seiner Zeit wird Nietzsche zum Vorreiter der Kritik an der Moderne.

Für Nietzsche ist die Welt in jedem Moment gleich fertig, wodurch der Augenblick eine gewaltige Aufwertung erfährt. Es gibt keinen objektiven Sinn, so wie es keine objektive Wahrheit und keine objektiven Werte gibt. Nietzsche bedauert diesen Sinnverlust jedoch nicht, sondern bejaht ihn ausdrücklich als Befreiung. An die Stelle eines vorgegebenen imaginären Sinns tritt die irdische Sinngebung des einzelnen Menschen. Er kann sich zu einem vollen und ganzheitlichen Menschen gestalten, zu einem Gesamtkunstwerk. Nietzsche vertritt damit eine Philosophie der Selbstgestaltung und Selbstvervollkommnung.

Das ist der eigentliche Sinn des missverständlichen Begriffs vom Übermenschen. Der Übermensch ist nicht eine noch zu erwartende neue Stufe der Evolution, der Übermensch ist ein Ideal, das durch Selbstdisziplin und Selbstformung erreicht werden kann. Der Übermensch ist der in allen Dimensionen voll entfaltete Mensch, der das Dasein bei aller Tragik bejaht. Der Übermensch ist bereit, etwas zu wagen und zu riskieren. Diese Gestaltung ist jedoch nicht umsonst zu haben, sie ist eine Steigerung, die ausdrücklich die Dimension des Leides mit umfasst. Nur wer den Abgrund der Verzweiflung kennt, kann auch das Glück der Euphorie erreichen. Für die meisten Menschen ist dieser Zustand schlichtweg nicht zu ertragen. Nietzsche wirft seinem Zeitalter vor, dass es eine bequeme Wohlfahrt der Leidensvermeidung anstrebt und damit nur eine Nivellierung ohne Höhen und Tiefen erreichen wird, den ganzen Menschen aber verfehlt.

In seinem Hauptwerk, dem halb dichterischen *Also sprach Zarathustra*, in dem die Idee vom Übermenschen auftaucht, findet Nietzsche ein treffendes Bild für die Abwesenheit jeder objektiven Sinngebung. Es ist der Mythos von der ewigen Wiederkehr des Gleichen. Die Geschichte der Welt ist ein Kreislauf, in dem alle Ereignisse bis in alle Ewigkeit immer wieder genauso geschehen werden, wie bisher, ohne die Hoffnung, es beim nächsten Mal besser zu machen. Nietzsche präsentiert das als ein Gedankenexperiment, das die größtmögliche Sinnlosigkeit in ein Bild fasst. Und genau diesen Gedanken bejaht er. Selbst unter dieser Bedingung ja zu sagen, ist ein Merkmal des Übermenschen.

Nietzsche wurde oft vorgeworfen, er vertrete einen Nihilismus. Das ist falsch. Nietzsche propagiert den Nihilismus nicht, er diagnostiziert ihn. So wie er den Tod Gottes nicht bewirkt, sondern feststellt. Wenn es keinen Gott und keinen Sinn mehr gibt, dann werden die einen Menschen das als Befreiung empfinden und sich ihren eigenen Sinn setzen, viele andere jedoch werden verzweifeln, da sie nicht leben können, ohne dass ihnen jemand sagt, wie sie leben sollen. Diese laufen Gefahr, dem Nihilismus anheimzufallen. Nietzsche prophezeite Kriege und Völkermorde und war damit erstaunlich hellsichtig.

Mit besonderer Polemik bekämpft Nietzsche das Christentum, auf dem die Moral der Moderne beruht. Er bezeichnet das christliche Denken als Sklavenmoral, die aus einem bloßen Ressentiment entstanden ist. Der Gegenbegriff wäre eine Herrenmoral, die überall dort herrscht, wo das Leben bejaht wird und wo man sich selbst feiert. Das klassische Beispiel für Nietzsche ist die Moral der alten Griechen, wo Tugenden wie Großzügigkeit, Tapferkeit oder Hochherzigkeit gepriesen wurden. Eine Sklavenmoral dagegen entsteht aus dem Ressentiment der Benachteiligten und zu kurz Gekommenen. Hier werden alle Werte in ihr Gegenteil verkehrt, aus den Tugenden der lebensbejahenden Moral werden Laster. Jetzt gelten Armut und Demut als Tugenden. In der christlichen Moral wird alles verneint und als Sünde denunziert, was den natürlichen Instinkten entspricht und was Freude bereitet. Den Menschen wurden Schuldkomplexe und ein schlechtes Gewissen eingeredet, bis es ihnen über die Jahrhunderte in Fleisch und Blut übergegangen ist.

Nietzsche kann als der eigentliche Entdecker des Unterbewusstseins betrachtet werden. Ein Großteil seines Werkes widmet sich der Aufdeckung heimlicher und verdrängter Motive. Nietzsche erweist sich dabei als raffinierter Psychologe, der die versteckten Motive hinter vorgeblich moralischen Antrieben entdeckt. Namentlich der christlichen Selbstlosigkeit gilt seine Entlarvungsstrategie und oft genug findet er hinter angeblicher Moral nur versteckten Eigennutz oder einfach Heuchelei.

Ein Grundgedanke in Nietzsches späterer Philosophie ist der Wille zur Macht, den er als tiefsten Antrieb alles menschlichen Handelns entdeckt hat. Der Wille zur Macht ist stärker als der Selbsterhaltungstrieb, so dass jemand bereit sein kann, sich selbst zu opfern, wenn es zur Machtentfaltung dient. Nietzsches Machtbegriff ist viel umfassender als jede politische oder autoritäre Macht. Das höchste Maß an Machtentfaltung erreicht gerade der Asket, der sich von allem unabhängig macht und sich selbst bezwungen hat. Macht kann auch ein Kranker und Gelähmter ausüben, der es versteht, im Mitmenschen Schuldgefühle zu wecken.

Nietzsche hat kein systematisches Hauptwerk verfasst, so wie er keine Lehre vertreten hat. Die meisten seiner Bücher sind in einem essayistischen oder aphoristischen Stil verfasst und zeichnen sich durch eine erfreulich klare Sprache mit viel Ironie und Polemik aus. In seinen späteren Werken wird der Ton allerdings schärfer, was seinen Grund nicht zuletzt darin hat, dass er keine öffentliche Resonanz fand. Seine Wirkung setzte erst nach seiner geistigen Umnachtung ein und wurde von seiner antisemitischen Schwester gesteuert, die das Werk des Philosophen durch willkürliche Zusammenstellung seines Nachlasses systematisch verfälschte. Das Bild Nietzsches in der öffentlichen Wahrnehmung änderte sich entscheidend durch seine Rezeption in der postmodernen französischen Philosophie.

Philosophie im 20. Jahrhundert

Am Beginn des 20. Jahrhunderts steht eine Grundlagenkrise in der Philosophie. Das wichtigste Krisensymptom ist der Verlust des Subjekts, der Untergang des einst so strahlenden Ich. Das selbstbewusste und schöpferische Ich von Descartes bis Kant hatte im 19. Jahrhundert schon Auflösungserscheinungen gezeigt, im 20. Jahrhundert drohte es völlig zu verschwinden. Die Soziologie fand nur gesellschaftliche Prägungen, die Psychoanalyse von Sigmund Freud enthüllte das Ich als einen Kampfplatz des Unterbewusstseins und die Molekularbiologie drang bald bis zum genetischen Code vor, während die Neurophysiologie nach den biochemischen und elektrischen Prozessen sucht, die im Inneren des Gehirns ablaufen.

In der Philosophie des 20. Jahrhunderts gibt es zwei Hauptströmungen. Einmal die Analytische Philosophie, die vor allem in der angelsächsischen Welt, das heißt, in Großbritannien und Nordamerika verbreitet ist, und dann eine geschichtlich lebensweltliche Richtung, die in verschiedenen Ausformungen Kontinentaleuropa beherrscht. Die Schlüsselfigur der analytischen Philosophie ist Ludwig Wittgenstein, die zentrale Gestalt für die kontinentale Philosophie Martin Heidegger.

Als eigentliches Hauptthema rückt im 20. Jahrhundert die Sprache in den Mittelpunkt der Betrachtung, und zwar bei den verschiedensten philosophischen Richtungen. Die Sprache wird vom bloßen Medium des Philosophierens zum Untersuchungsgegenstand und die Themen und Probleme der Philosophie werden als Missverständnisse aufgrund von Sprachverwirrungen erkannt. Die Philosophie diskutiert nicht Probleme mittels der Sprache, die Philosophie entsteht in der Sprache.

An der Schwelle zum 20. Jahrhundert entstand mit dem Pragmatismus auch die erste originär amerikanische Philosophierichtung. Die Idee einer letzten Wahrheit wird dort verabschiedet, denn Wahrheiten sind nur vorläufig und müssen sich bewähren. Ihren Wahrheitsgehalt zeigt eine Theorie dadurch, dass sie nutzbringend angewendet werden kann. Wahrheiten sind Werkzeuge, um mit der Welt erfolgreich umzugehen, Wahrheit ist das, was sich als das Nützliche durchsetzt. Als Begründer des Pragmatismus gilt Charles Sanders Pierce (1839-1914), seine bekanntesten Vertreter sind William James (1842-1910) und John Dewey (1859-1952).

Einen ausdrücklichen Neuanfang der Philosophie versucht Edmund Husserl (1859-1938) mit seiner Phänomenologie, die wieder zu den Sachen selbst vordringen und eine exakte Wirklichkeitserklärung durch Analyse unserer Bewusstseinsakte erreichen will. Husserls Grundgedanke ist die Intentionalität, die Einsicht, dass jedes Bewusstsein immer das Bewusstsein von etwas ist. Die Philosophie hat demnach die Aufgabe die Phänomene möglichst vollständig zu untersuchen und zu beschreiben, so wie sie in unserem Bewusstsein auftauchen, ohne dass man gleich Aussagen über ihre Wirklichkeit machen würde. Die Phänomenologie erforscht viele und auch neue Bereiche des menschlichen Daseins, von der Wertethik Max Schelers (1874-1928) bis zur Ergründung der Leiblichkeit bei Maurice Merleau-Ponty (1908-1961).

Der prominenteste Schüler Husserls ist Martin Heidegger, der die Phänomenologie zu einer Fundamentalontologie des Daseins umformt, was ich Ihnen im nächsten Kapitel ausführlicher darstellen werde. Auf Heideggers Gedanken bauen sowohl der Existentialismus wie auch die philosophische Hermeneutik auf, deren wichtigster Vertreter der Heidegger-Schüler Hans Georg Gadamer (1900-2002) ist. Sein Hauptwerk, in dem er das Phänomen des Verstehens in allen menschlichen Weltbezügen untersucht, trägt den Titel *Wahrheit und Methode.* Gadamer betont die Eigenständigkeit des verstehenden Zugangs gegenüber dem erklärenden Ansatz der Naturwissenschaften. Er beginnt mit dem Verstehen von Kunstwerken, durch die wir Wahrheit erfahren können, die auf keinem anderen Weg erreichbar ist. Doch Gadamer erweitert den hermeneutischen Horizont, indem er die Sprache im Zentrum jedes Verstehens findet. Nur durch die Sprache haben die Menschen überhaupt so etwas wie Welt. Sprache macht Welt offenbar und die Sprache hat gegenüber dem Einzelnen ein selbständiges Dasein, in das er hineinwächst. Sie ist kein bloßes Mittel zur Verständigung. Der Mensch ist so ein Teil eines Wahrheitsgeschehens, das nie zum Abschluss kommt.

Heidegger und die Frage nach dem Sein

Martin Heidegger (1889-1976) gilt als einer der wichtigsten Philosophen des 20. Jahrhunderts, wenn nicht als der wichtigste überhaupt. Zugleich ist er einer der umstrittensten, was vor allem mit seinem zeitweiligen Engagement für den Nationalsozialismus zu tun hat. Heideggers wichtigstes Werk ist *Sein und Zeit*, ein Buch, das einen enormen Einfluss innerhalb der Philosophie und weit darüber hinaus entfaltete. Heideggers eigentliches und einziges Thema war nach seiner eigenen Aussage das Sein, in Abgrenzung zum Seienden. Die Philosophie hat sich als Metaphysik seit Platon und Aristoteles immer am Seienden orientiert und dabei das Sein selbst übersehen oder vergessen, wie Heidegger sagt.

In *Sein und Zeit* will Heidegger sich dem Sein nähern, indem er ein ausgezeichnetes Seiendes untersucht, nämlich das Dasein, womit Heidegger den Menschen bezeichnet. Dasein ist das einzige Seiende, das ein verstehendes Verhältnis zu seinem Sein besitzt, da es ein Interesse an seinem Sein und an der Art und Weise seines Seins hat. Sein und Dasein sind bei Heidegger immer als etwas Zeitliches gemeint, als etwas, das sich in der Zeit vollzieht und damit auch immer ändern kann. Ein wesentliches Kennzeichen der Metaphysik war es dagegen, alles Seiende als etwas Gegenständliches aufzufassen und ihm wesensmäßige Eigenschaften zuzuschreiben. Dasein ist aber nie in seinem Wesen zu erfassen, da es nie fertig ist. Dasein ist ein Geschehen, es ist eine Geschichte.

Das Dasein ist in sein Sein geworfen, sagt Heidegger. Es findet sich an einem bestimmten Ort, in einer bestimmten Kultur und mit ganz bestimmten Eigenschaften vor, die es nicht wählen konnte. Sobald Dasein zum Bewusstsein seiner selbst gelangt, existiert es schon in einer bestimmten Art und Weise. Das Dasein ist in eine Welt geworfen, mit der es immer schon umgeht, und zwar so, dass die Dinge des alltäglichen Lebens ganz selbstverständlich verwendet werden, ohne als Dinge bewusst wahrgenommen werden. Heidegger sagt dazu, dass die Dinge nicht vorhanden, sondern zuhanden sind. Er möchte damit einen Schritt hinter die metaphysische Trennung von Subjekt und Objekt zurücktreten und Dasein noch grundsätzlicher analysieren. Deshalb bezeichnet er seine Philosophie als Fundamentalontologie.

Ebenso wie mit seiner alltäglichen Umwelt verhält es sich auch mit den Mitmenschen, auch diese sind immer schon da. Wenn das Dasein sich als etwas Eigenes erkennt, ist es immer schon Teil einer Gemeinschaft. Die Gemeinschaft hat ihm sein Leben abgenommen, indem es ihm die Art und Weise des Lebens vorgibt. Heidegger bezeichnet dieses Phänomen als das Man. Es sind nicht bestimmte Menschen, die das Dasein steuern, es ist das allgemeine Neutrum: Man tut bestimmte Dinge und andere nicht, man vergnügt sich auf bestimmte Weise, man urteilt über die Welt und man distanziert sich sogar vom großen Haufen, so wie *man* das tut. Das Man kann als Brauch, als öffentliche Meinung oder als Zeitgeist in Erscheinung treten.

Im Zusammenhang mit dem Leben als Man steht Heideggers Unterscheidung von Eigentlichkeit und Uneigentlichkeit. Das Leben als Teil des Man ist eine uneigentliche Existenz, ein solches Leben wird nicht gewählt, sondern es geschieht einem.

Man tut, was man eben tut. Doch wäre es ein Missverständnis, ein uneigentliches Leben als armes oder verkümmertes Leben zu verstehen, ein uneigentliches Leben kann ganz im Gegenteil voller Ereignisse und Betriebsamkeit sein. Sie bleiben aber äußerlich. Für Heidegger leben die meisten Menschen im Modus der Uneigentlichkeit. Er sagt sogar, dass das Man den Charakter einer Flucht vor der Eigentlichkeit haben kann. „Eigentlich" lebt ein Mensch dann, wenn er sein Dasein bewusst ergreift und wenn er seine Möglichkeiten bewusst wählt. Denn da das Dasein ein zeitliches Geschehen ist, hat es den Charakter der Möglichkeit. Es kann seine Möglichkeiten entschlossen ergreifen, es kann aber auch einfach das tun, was sich ergibt.

Der Schlüsselbegriff für das Ergreifen der Eigentlichkeit ist die Angst. Heidegger unterscheidet Angst von Furcht. Die Furcht bezieht sich auf etwas Bestimmtes. Sie fürchten sich vor Krankheiten, vor Spinnen, vor der Dunkelheit, vor dem Krieg oder vor Arbeitslosigkeit. Die Angst dagegen ist ungerichtet, sie durchzieht das Dasein als Ganzes und Heidegger identifiziert als Grund der Angst das In-der-Welt-Sein als solches. Angst ist für Heidegger ein Zustand, in dem einem Dasein bewusst wird, dass es existiert und existieren muss, in dem es sich fragt, wie es dahin gekommen ist, wo es ist, und was es dort überhaupt soll. Die Angst ist damit eine Art Sinnkrise. Sie macht dem Dasein bewusst, dass es ganz persönlich existieren muss.

Die Angst ist bezogen auf den Tod, aber nicht in dem Sinn, dass es um Angst vor dem Sterben ginge. Für Heidegger ist der Tod nicht ein Ereignis am Ende des Daseins, sondern das Dasein wird von Anfang an vom Tod geprägt. Erst durch den Tod erhält das Dasein seine Einheit und wird zu einer wirklichen Geschichte. Es ist dieser Charakter der Endlichkeit, der das Dasein auszeichnet und es dazu aufruft, etwas aus seinem Leben zu machen. Die Geworfenheit wird so ergänzt durch den Entwurf.

Heidegger präsentiert kein inhaltliches Modell für ein eigentliches Dasein. Eigentlichkeit realisiert sich nicht in einer bestimmten Form des Lebens. Ein eigentliches Leben ist nicht durch äußere Erfolge und Güter gekennzeichnet, es kann sehr einfach und unspektakulär sein. Es kommt darauf an, dass es bewusst gelebt und bejaht wird. Es ist eine Sache der Einstellung.

Sein und Zeit blieb trotz seines Umfangs von über 400 Seiten ein Fragment, da Heidegger zu dem Ergebnis kam, dass sein ursprüngliches Anliegen, das Verstehen des Seins, auf diesem Weg nicht gelingen konnte. Zu sehr war er bei der Analyse des Daseins in den Bereich der Subjektivität geraten. Heidegger sprach selber von einer Kehre in seinem Denken, er wollte jetzt das Sein nicht mehr vom Dasein aus erfassen, sondern die Perspektive umkehren. Das Dasein behält zwar seinen wichtigen Rang, jetzt aber als Da-sein, als der Ort des Da des Seins. Das Dasein wird so zum Medium des Seins, das sich durch es hindurch vollzieht. Die Schriften, die Heidegger ab 1929 verfasste, waren selten umfangreicher als 40 Seiten, und hatten oftmals Versuchscharakter, es waren Denkexperimente, was auch in einer Sprache am Rande der Verständlichkeit zum Ausdruck kommt. Und oft genug überschreitet Heidegger diese Grenze.

Ein zentraler Gedanke in Heideggers Spätphilosophie besagt, dass das Sein selbst eine Geschichte hat. Das bedeutet nicht, dass das Sein sich im Laufe der Geschichte entfaltet und immer besser erkannt würde, sondern dass es sich im Laufe der Geschichte unterschiedlich zeigt. Die Vorstellung einer objektiven Wahrheit wird damit verabschiedet. Heidegger deutet Wahrheit im Rückgriff auf den griechischen Begriff der *Aletheia* als Unverborgenheit. Jede Epoche oder jede Kultur bekommt das Sein des Seienden im Ganzen, also die Wirklichkeit, in einer bestimmten Weise in den Blick. Eine bestimmte Deutung tritt aus der Verborgenheit heraus, während andere Hinsichten ins Verborgene verschwinden.

An die Stelle einer Wahrheit treten viele Deutungen. Heidegger prägt hierfür den Begriff der Lichtung, die man sich wie eine Lichtung im Wald denken kann, einen Ort innerhalb des Dunkels. Sie können sich das auch analog dem Lichtkegel einer Taschenlampe vorstellen, mit der Sie etwas ins Helle der Erkenntnis stellen, das wieder verschwindet oder sich anders zeigt, wenn sie das Licht anderswo hin richten. Jede Deutung bewirkt eine ganz unterschiedliche Welt, die sich in der Sprache ausdrückt. Das Da-sein ist der Ort, an dem das Sein im wörtlichen Sinne zur Sprache kommt. Deshalb sagt Heidegger: Die Sprache ist das Haus des Seins. In seiner Behausung wohnt der Mensch. Die vornehmste Aufgabe des Menschen ist es, das zu sagen, was sich ihm vom Sein her zuspricht. Denken wird damit etwas Passives, kein Lösen von Problemen, sondern ein Geschehen-Lassen. Nicht der Mensch denkt, es denkt in ihm.

In Bezug auf die europäische Kultur unterscheidet Heidegger die Antike, in der die Natur als das von sich selbst her Aufblühende verstanden wurde, das seine Oberfläche dem Menschen zuwendet, vom Mittelalter, in dem alles Seiende als Schöpfung eines Schöpfers verstanden wurde, und von der Neuzeit, in der die gesamte Wirklichkeit mit dem Blick des Forschers seziert und mathematisch berechnet wird. Als Kennzeichen unserer modernen Epoche sieht er die Quantifizierung und Vergegenständlichung alles Seienden. Heidegger sieht die Technik als das alles beherrschende Moment der Moderne. Technik ist bei ihm aber nicht die Gesamtheit der Maschinen und Apparate, Technik ist eine Art des Weltverständnisses. In der Welt der Technik wird alles zum Material und zur Funktion, alles ist für etwas anderes bestellt, wofür Heidegger den Begriff des *Ge-stells* prägt.

Existentialismus

Der Existentialismus war eine philosophische Strömung, die weit über die Philosophie hinaus wirksam war, und die ihren Höhepunkt in der Mitte des 20. Jahrhunderts erreichte. Wie der Name sagt, steht die menschliche Existenz im Mittelpunkt des Denkens. Der Existentialismus ist eine Reaktion auf die umfassende Sinnkrise in der Philosophie der Moderne. Vorläufer waren Kierkegaard und Nietzsche. Wesentliche Anregungen stammen von Martin Heidegger, auch wenn Heidegger es immer ablehnte, als existentialistischer Philosoph bezeichnet zu werden.

Der wichtigste deutsche Vertreter war Karl Jaspers (1883-1969), für den die menschliche Existenz als freies Sein-können vor allem in Grenzsituationen und Momenten des Scheiterns bewusst wird. Er sieht das Leben jedoch von einer Transzendenz umgeben, die sich in sogenannten Chiffren zeigt, und darin einen verborgenen Sinn und Trost verspricht.

Seine eigentliche Entfaltung erlebte der Existentialismus in Frankreich mit den beiden Hauptvertretern Sartre und Camus. Jean-Paul Sartre (1905-1980) erhielt seine wesentlichen Anregungen von Heidegger und nannte sein Hauptwerk *Das Sein und das Nichts*. Er treibt den Freiheitsbegriff auf die Spitze. Der Mensch ist zur Freiheit verurteilt, lautet seine griffige Formel, denn wir haben nicht die Freiheit, nicht frei zu sein. Der Mensch ist durch den Zufall seiner Geburt in die Existenz geworfen und muss seinem Leben selbst einen Sinn geben. Er muss sich selbst wählen und schaffen. Wir sind das, wozu wir uns machen. Und wir können uns zu allem machen, denn an sich sind wir nichts. Es ist die absolute Freiheit des Alles ist möglich. Sartre macht deutlich, dass der Mensch nicht zu definieren ist. Menschliche Existenz ist immer zugleich von dem getrennt, was sie ist. Ein Sein, das genau das ist, was es ist, kann nicht frei sein. Ein Tisch ist ein Tisch, sonst nichts. Aber der Mensch ist nie etwas an sich, sondern er ist immer zugleich nicht das, was er ist. Und in diesem Nichts liegt seine Freiheit.

Berühmt wurde Sartres Werk vor allem wegen seiner phänomenologischen Analysen von Alltagssituationen, wobei der Mensch auch in seinen zwischenmenschlichen Beziehungen zum Thema wird. Neben Angst und Tod gehören zum Existenzbegriff bei Sartre auch Liebe, Hass und Sexualität. Sartre blickt dem Menschen bis ins Innerste und er entdeckt Verlogenheit, Egoismus, Begierden, Schuld, Leidenschaft und Opferbereitschaft.

Der Ausgangspunkt für Albert Camus (1913-1960) ist die Sinnlosigkeit des Daseins, die er mit dem Begriff des Absurden bezeichnet. Der Mensch hat Sehnsucht nach einer Welt, in der alles geordnet und von einem letzten Sinn gerechtfertigt ist. Das Absurde entsteht aus dem fundamentalen Widerspruch zwischen diesem Verlangen nach Sinn und der Erfahrung, dass dieser Sinn in der Welt nirgendwo zu finden ist. Mit dem Absurden leben heißt, ihm ins Auge zu sehen, und die Grenzen der Vernunft anzuerkennen. Die einzige philosophisch angemessene Haltung ist die Auflehnung. Das Absurde wird als Tatsache anerkannt aber nicht gut geheißen. Diese Auflehnung gibt dem Leben seinen Wert und seine Würde. Für den absurden Menschen gibt es keine zielgerichtete Ordnung mehr, sondern nur Gegenwart und die Abfolge von Gegenwärtigkeiten. Darin findet er seine eigene Freude. An die Stelle eines absoluten Sinns tritt das intensive Leben, das jeden Moment bewusst lebt.

Das beste Symbol für die Lage des absurden Menschen findet Camus im antiken Mythos von Sisyphos. Die Götter haben Sisyphos dazu verurteilt, unablässig einen Felsblock einen Berg hinauf zu wälzen, von dessen Gipfel der Stein von selbst wieder hinunterrollt. Ein besseres Bild für die Sinnlosigkeit kann wohl kaum gefunden werden. Sisyphos holt seine Kraft nicht aus der Hoffnung auf Erfolg, denn er ist sich seiner

Lage bewusst. Aber dieses Wissen, das seine eigentliche Qual bewirken sollte, vollendet gleichzeitig seinen Sieg. Es gibt kein Schicksal, das durch Verachtung nicht überwunden werden kann. Der absurde Mensch sagt Ja. Wir müssen uns Sisyphos als einen glücklichen Menschen vorstellen, sagt Camus.

Wittgenstein und das Sprachspiel

Ludwig Wittgenstein (1889-1951) gilt neben Heidegger als der wichtigste Philosoph des 20. Jahrhunderts. Er stammte aus einer reichen österreichischen Fabrikantenfamilie und studierte in Cambridge bei Bertrand Russell. Wittgenstein ist die Schlüsselfigur der Analytischen Philosophie und einer der Begründer der modernen Sprachphilosophie.

Sein erstes Werk ist der *Tractatus logico-philosophicus*, mit dem Wittgenstein auf streng logischer Grundlage eine Beschreibung der Welt liefern wollte. Das Buch umfasst nur etwa 80 Seiten und ist komplett durchnummeriert. Sein erster Satz lautet: „Die Welt ist alles, was der Fall ist." Wittgenstein war der Ansicht, darin alle Probleme der Philosophie gelöst zu haben und beendete konsequenterweise seine philosophische Tätigkeit, um einige Jahre als Dorfschullehrer zu arbeiten. Jedoch war Wittgenstein kein Positivist, der alle Belange des Daseins in strenger Wissenschaft aufheben wollte. Er sagte nämlich, wenn alle Probleme der Wissenschaft und der Philosophie gelöst wären, dann wären unsere Lebensprobleme noch nicht einmal berührt. In den Bereichen der Kultur, Kunst und Ethik ist kein exaktes Sprechen möglich. Sie sind nicht Teil der Wissenschaft, sondern gehören der Tat, dem praktischen Handeln. Der letzte Satz des *Tractatus* lautet: „Wovon man nicht reden kann, darüber muss man schweigen."

Seit Ende der zwanziger Jahre befasste Wittgenstein sich wieder mit Philosophie und sein zentrales Thema blieb die

Sprache, doch sah er jetzt den Exaktheitsanspruch seiner ursprünglichen Philosophie als unzureichend an. Statt sich auf die logische Struktur einer idealen Sprache zu konzentrieren, wollte er die der tatsächlichen Sprache untersuchen. Damit wurde Wittgenstein zum Begründer der sogenannten Philosophie der normalen Sprache und löste eine neue Bewegung in der Philosophie aus.

Wittgenstein veröffentlichte nach dem *Tractatus* kein Buch mehr, arbeitete aber an einem Manuskript, das er mehrmals redigierte. Dieser Text erschien 1953 aus dem Nachlass unter dem Titel *Philosophische Untersuchungen.* Wittgenstein stellt jetzt die alltägliche Sprache in den Mittelpunkt und er will die Sprache in ihrer Vielfalt bestehen lassen. An die Stelle von Erklärungen setzt er die Beschreibung.

Die meisten philosophischen Probleme entstehen daraus, dass man sich durch die Sprache verhexen lässt und ihre eigentliche Funktion missversteht. Die Probleme der Philosophie sind aber in Wahrheit nur Scheinprobleme, und die Aufgabe der Philosophen besteht darin, sie verschwinden zu lassen. Die Philosophie wird damit bei Wittgenstein zu einer Art Therapie. Es geht ihm nicht darum, eine neue oder die richtige Theorie zu entwerfen, Wittgenstein will gar keine Theorie aufstellen, er versteht die Philosophie als reine Tätigkeit.

Die größte Verwirrung entsteht aus dem Begriff der Bedeutung, aus der Vorstellung, die Wörter der Sprache hätten so etwas wie eine feste Bedeutung, die irgendwie mit ihnen verbunden wäre. Die Ähnlichkeit unserer sprachlichen Ausdrücke verleitet uns zu der Ansicht, dass sie grundsätzlich etwas gemeinsam haben müssten. Das ist aber ein Irrtum, wie Wittgenstein am Beispiel eines Kaufmanns deutlich macht, der einen Einkaufszettel mit dem Auftrag „fünf rote Äpfel" erhält. Er kann jetzt in eine Kiste greifen, auf die ein Apfel gemalt ist, dann mit Hilfe einer Farbskala einen bestimmten heraussuchen und das Ganze fünf Mal wiederholen, indem er laut bis fünf zählt. Wo bleibt bei diesen Tätigkeiten die Bedeutung? Es ist eine weitverbreitete aber verkürzte Sichtweise der Sprache, sich nur an Nomen zu orientieren. Dort mag es zutreffen, dass Dinge mit einem Begriff bezeichnet werden, so als würde ihnen ein Namensschild aufgeklebt. Doch schon bei abstrakten Begriffen wird das schwierig, ganz zu schweigen von Verben, Konjunktionen oder Ausrufen.

Diese Missverständnisse werden dadurch gefördert, dass die Philosophie sich traditionell vor allem mit Aussagen befasst. Doch die Sprache ist wesentlich vielfältiger, zu ihr gehören auch solche Tätigkeiten wie Befehlen, Beten, Jubeln und vieles mehr. Wittgenstein sagt, dass die Bedeutung eines Wortes in seinem Gebrauch innerhalb der Sprache besteht. Statt also umfangreiche Spekulationen anzustellen, was ein Begriff an sich bedeute oder nach Definitionen zu suchen, muss man nur auf die tatsächliche Verwendung der Wörter schauen, und die entdeckt man am ehesten, wenn man den tatsächlichen Gebrauch dieser Wörter im alltäglichen Umgang der Menschen betrachtet.

Der zentrale Begriff in Wittgensteins Denken ist der des Sprachspiels. Ein Sprachspiel ist zunächst eine bestimmte und konventionelle Art in einer konkreten Situation zu sprechen, mit Sprachspiel bezeichnet Wittgenstein aber auch die Sprache insgesamt in Verbindung mit den damit verbundenen Tätigkeiten. Sprache ist bei Wittgenstein also immer in die Lebenspraxis der Menschen eingebunden, Sprache ist Teil ihres Handelns. Philosophische Probleme entstehen dann, wenn Begriffe aus ihrem ursprünglichen Zusammenhang herausgenommen und als etwas Abstraktes betrachtet werden.

Die Frage nach dem Wesen von Begriffen führt in die Irre, da es keine fest umgrenzte oder definierbare Bedeutung gibt. Wittgenstein spricht in diesem Zusammenhang von Familienähnlichkeiten, was er am Beispiel des Begriffs „Spiel" erläutert. Es gibt Brettspiele, Kartenspiele, Ballspiele und viele mehr. Wenn Sie jetzt versuchen, eine Gemeinsamkeit zu finden, die alle Spiele auszeichnet, so wird das nicht funktionieren. Für die genannten Spiele mag der Wettkampf eine Gemeinsamkeit sein, dies gilt jedoch nicht für ein Kind, das alleine mit einem Ball spielt. Der Versuch, eine genaue Definition von „Spiel" zu liefern, führt nur zu komplizierten Verrenkungen. Aber Sie benötigen eine solche Definition auch gar nicht, da Sie auch ohne sie verstehen, was ein Spiel ist, denn Sie gebrauchen das Wort ja richtig.

Der Gebrauch von Begriffen kann sich allerdings auch ändern und er ändert sich im Laufe der Geschichte auch ständig. Wittgenstein vergleicht die Sprache mit einer Stadt, in der es alte Viertel mit verwinkelten Gassen, Bezirke mit prächtigen Wohnhäusern und Außenbereiche mit Industriegebieten und schnurgeraden Straßen gibt. Sie ist historisch gewachsen, genauso ist es mit der Sprache, zu der im Laufe der Zeit zu allen Wandlungen auch ganz neue Bereiche wie juristische oder wissenschaftliche Fachsprachen hinzukamen.

Kinder erlernen eine Sprache, indem sie in sie hineinwachsen. Wittgenstein spricht davon, dass das Erlernen einer Sprache eher einem Abrichten gleicht. Das Kind erlernt den Gebrauch von Wörtern, indem es sie gebraucht und korrigiert wird. Von so etwas wie Bedeutungen ist zunächst noch gar keine Rede. In ähnlicher Weise wachsen Menschen in Weltbilder hinein, worunter Wittgenstein die Gesamtheit der Sätze versteht, die von jemandem für wahr gehalten werden. Das Besondere ist nun, dass all diese Sätze miteinander zusammenhängen. Wittgensteins Überlegungen zu diesem Thema sind in seinem postumen Werk *Über Gewissheit* enthalten. Sie können nicht einzelne Sätze anzweifeln, ohne viele andere mit in Zweifel zu ziehen. Sie können zum Beispiel nicht ein naturwissenschaftliches Weltbild vertreten und gleichzeitig davon überzeugt sein, dass manche Menschen sich bei Vollmond in Fledermäuse verwandeln.

Eingehend befasst er sich mit Begriff wie „meinen“ oder „zweifeln“, die nur in bestimmten Sprachspielen Sinn ergeben. Ein Zweifel ist nur auf der Basis eines bestimmten Wissens möglich. So können Sie zum Beispiel daran zweifeln, dass ein Tisch einen Meter lang ist, und zur Überprüfung werden Sie nachmessen. Es ist aber sinnlos daran zu zweifeln, dass ein Meter hundert Zentimeter hat. Ein solcher Satz steht fest und dient als Basis für empirische Sätze. Wer an allem zweifeln wollte, der würde gar nicht bis zum Zweifel kommen, sagt Wittgenstein, denn das Spiel des Zweifelns setzt schon eine Gewissheit voraus. Das Ende jeder Begründung sind nicht unumstößlich wahre Sätze, sondern es liegt im Handeln, das jedem Sprachspiel zugrunde liegt. Am Grund des begründeten Glaubens liegt der unbegründete Glaube, sagt Wittgenstein.

Analytische Philosophie

Als Analytische Philosophie bezeichnet man im weitesten Sinne eine Philosophierichtung, die streng wissenschaftlich an der modernen Logik und der Sprachanalyse orientiert ist, und die vor allem im angelsächsischen Raum verbreitet ist. Die beiden wichtigsten Ausprägungen sind der Logischen Positivismus und die sprachanalytische Philosophie, die die normale Sprache als Untersuchungsgegenstand hat. In beiden Richtungen nimmt Ludwig Wittgenstein eine zentrale Rolle ein.

Metaphysikkritik und Untersuchung der Sprache als Medium des Denkens sind ein gemeinsames Merkmal, das sich in allen Spielarten der Analytischen Philosophie durchhält. Für die erste Phase, die als Logischer Positivismus bezeichnet wird, stehen vor allem Gottlob Frege (1848-1925) und Bertrand Russell (1872-1970), die zugleich die Begründer der Formalen Logik sind. Die Logik bestimmt auch ihr Vorgehen bei der Analyse anderer philosophischer Themen. Die Sprache wird auf ihre logischen Grundlagen zurückgeführt und das Ziel der Philosophie ist die Entwicklung einer idealen Sprache, die die Ereignisse der Wirklichkeit möglichst exakt abbildet.

Nach Russell muss jede vernünftige Philosophie mit einer Analyse von Aussagen beginnen. Er setzt voraus, dass Aussagen entweder logische Sätze sind oder Beschreibungen einfacher Sachverhalte, die aus der Erfahrung gewonnen werden. Alle komplexen Sätze lassen sich auf solche Basisaussagen zurückführen. Dieser These folgt auch Wittgensteins *Tractatus logico philosophicus*, der zur Grundlage des sogenannten Wiener Kreises wurde, einer Gruppe von Philosophen und Naturwissenschaftlern um Moritz Schlick und Rudolf Carnap. Streng logisches Denken und die entschiedene Ablehnung jeder Art von Metaphysik zeichneten die Gruppe aus.

Auf Wittgensteins *Philosophische Untersuchungen* geht die Wendung zur Analyse der Alltagssprache oder der normalen Sprache zurück. Man spricht auch von *ordinary language philosophy* oder vom *linguistic turn.* Statt der idealen Sprache der Logik und Mathematik steht jetzt die tatsächliche Sprache mit all ihren Dimensionen im Mittelpunkt der Untersuchung. Während Wittgenstein in Cambridge wirkte, entfaltete sich in Oxford eine eigene Schule, deren Hauptvertreter Gilbert Ryle (1900-1976) und John Langshaw Austin (1911-1960) waren. Ryle wollte philosophische Probleme lösen, indem er sie ähnlich wie Wittgenstein auf Sprachverwirrungen zurückführte. Sein wichtigstes Argument ist das des Kategorienfehlers, bei dem es zu einer Verwechslung von sprachlichen Kategorien kommt. Ryle erläutert dies am Beispiel eines Fremden, der zum ersten Mal ein Kricketspiel sieht. Er hat gehört, dass man zum Kricket Schläger, Werfer, Fänger, einen Torhüter und Teamgeist braucht. Er lässt sich zeigen, welche Spieler Schläger und Werfer sind, wo der Torhüter steht und fragt dann, welcher von allen der Teamgeist sei. Er behandelt den Begriff „Teamgeist“ so, als wäre das ein weiterer Spieler.

Austin wurde zum Begründer der sogenannten Sprechakttheorie, bei der Sprache primär als Handeln verstanden wird. Austin bezeichnete dies als performative Akte, Handlungen, die nur in Form des Sprechens bestehen, wie etwa die Worte „Hiermit erkläre ich euch zu Mann und Frau“, mit denen ein Standesbeamter eine neue Realität für das Hochzeitspaar erzeugt. Die Sprache wurde so aus der Fixierung auf Aussagesätze gelöst, die die Philosophie traditionell prägte. Die Sprechakttheorie wurde später maßgeblich von John Searle (geb. 1932) weiterentwickelt.

Der wichtigste amerikanische Philosoph des 20. Jahrhunderts war Willard Van Orman Quine (1908-2000), der einen umfassenden Holismus vertrat. Für Quine kann es nie um die Wahrheit oder Gültigkeit einzelner Sätze gehen, sondern immer nur um die Gesamtheit aller Sätze, die sich gegenseitig stützen. Aussagen, die an der Peripherie liegen, wie empirische Feststellungen über Tatsachen, können sehr leicht revidiert werden, andere Sätze, die den Charakter von Naturgesetzen haben, liegen sehr tief im Gesamtgefüge verankert, wollte man sie entfernen, würden wesentliche Teile unseres Weltverständnisses in Mitleidenschaft gezogen. Es gibt aber keine prinzipielle Abstufung, da grundsätzlich jeder Satz revidierbar ist.

Damit zusammen hängt Quines Theorie von der Unbestimmtheit der Übersetzung. Jedes Weltbild ist sprachlich bedingt, eine direkte Übertragung von einer Sprache in eine andere ist aber unmöglich, da jede Übersetzung immer Deutung ist und nur eine Annäherung beinhalten kann. Quines Theorien wurden von Donald Davidson (1917-2003) weitergeführt, der Sinn, Bedeutung und Wahrheit auf den Begriff der Interpretation zurückführt.

Kritische Theorie

Die Kritische Theorie, auch als Frankfurter Schule bezeichnet, ist eine gesellschaftskritische Richtung der Philosophie, die auf Karl Marx aufbaut, ohne einen orthodoxen Marxismus zu vertreten, und Elemente der Psychoanalyse in ihr Denken aufnimmt. Als Gründer können Theodor W. Adorno (1903-1969) und Max Horkheimer (1895-1973) betrachtet werden, die 1944 gemeinsam das Buch *Dialektik der Aufklärung* verfassten. Sie fragen darin, warum die Menschheit nach zwei Jahrhunderten der Aufklärung, statt in einen wahrhaft menschlichen Zustand einzutreten, mit dem Nationalsozialismus und zwei Weltkriegen in eine neue Art von Barbarei versinkt.

Adorno und Horkheimer stellen fest, dass die Aufklärung im Laufe ihrer Entwicklung ihren Charakter geändert hat. War sie ursprünglich die Durchdringung der Welt mit zunehmender Vernunft, so wandelte sie sich zu reiner Zweckrationalität und trat so in den Dienst kapitalistischer und diktatorischer Systeme. Die Aufklärung zerstörte sich damit selbst. Die Menschen bezahlen die Vermehrung ihrer Macht mit der Entfremdung von dem, worüber sie die Macht ausüben, von der Natur und letztlich von sich selbst. Die Weltherrschaft über die Natur wendet sich so gegen das denkende Subjekt selbst, und verdinglicht die Menschen zu bloßen Objekten. Adorno und Horkheimer analysieren auch die moderne Kulturindustrie, namentlich in Film und Fernsehen, und kritisieren, dass die industriell hergestellte Kultur den Menschen die Fantasie raubt und das Nachdenken für sie übernimmt. Sie entlässt ihre Konsumenten nie aus der Kontrolle, um ihnen in keinem Augenblick die Ahnung von der Möglichkeit des Widerstandes zu geben.

Ziel der Kritischen Theorie ist die Analyse des Menschen im Spätkapitalismus. Eine Hauptthese lautet, dass das kapitalistische System den Menschen ein falsches Glück und ein falsches Bewusstsein vermittelt. Ihnen werden falsche und vor allem materielle Bedürfnisse vorgegaukelt, deren Befriedigung nur zur Stabilisierung des Systems beiträgt. Es ist Aufgabe der Philosophie sich für die Herstellung humaner Verhältnisse und gegen die Unterdrückung des Menschen durch den Menschen einzusetzen, selbst wenn dies angesichts der historischen Entwicklung aussichtslos erscheint. Ähnlich argumentiert Herbert Marcuse (1898-1979), ein weiterer wichtiger Vertreter der Kritischen Theorie, der die Mitglieder der modernen Gesellschaft als eindimensionale Menschen darstellt, die ihr eintöniges und entfremdetes Arbeitnehmerdasein unter der ständigen Berieselung der Werbung auch noch als zufriedenstellend empfinden.

Der wichtigste Vertreter der jüngeren Generation ist Jürgen Habermas (geb. 1929), der allen postmodernen Versuchungen gegenüber entschlossen das Projekt Moderne vertritt. Für ihn ist die Aufklärung nicht gescheitert, sondern noch nicht zu Ende gedacht. Sein Hauptwerk ist die *Theorie des kommunikativen Handelns*. Ein Schlüsselbegriff für Habermas ist die Rationalität, die sich durch Kommunikation verwirklicht und die er der instrumentellen Rationalität der Verwaltungssysteme, der Ökonomie und der Bürokratie entgegenhält.

Rationale Argumentationen zeichnen sich dadurch aus, dass sie sich prinzipiell immer als korrigierbar und damit verbesserungsfähig betrachten. Die Teilnehmer eines solchen Diskurses sind immer lernbereit. Sie müssen immer bereit sein, die Geltungsansprüche Ihrer Behauptungen zu begründen und eventuell zu korrigieren, wenn Ihr Diskurspartner sie überzeugt. In einen solchen Diskurs dürfen keine Manipulationen eindringen, wie etwa der Versuch die Teilnehmer zu überreden, oder das Verschweigen Ihrer wahren Absichten, es darf nicht auf unantastbare Normen verwiesen werden und Sie dürfen auch keine Selbstinszenierung betreiben. Sind diese Bedingungen erfüllt, dann befinden wir uns als gleichberechtigte Partner in einer herrschaftsfreien Kommunikation und können versuchen, zu einer Einigung zu gelangen. Es steht für Habermas außer Frage, dass eine solche Einigung als Zustimmung aller grundsätzlich möglich ist. Er vertraut auf die Vernunft und sieht es als Ziel, die gesamte Gesellschaft in diesem Sinne zur Vernunft zu bringen.

Postmoderne und Poststrukturalismus

Unter der Bezeichnung Postmoderne werden einige Philosophen zusammengefasst, die die Fortschrittsperspektive der Moderne bzw. der Aufklärung in Frage stellen. Der Schwerpunkt der Diskussion liegt in Frankreich und speist sich aus dem Strukturalismus in Kombination mit der Philosophie Nietzsches und Heideggers. Der Strukturalismus versucht, mit einem erweiterten Zeichenbegriff die Strukturen bestimmter Seinsbereiche und menschlicher Gemeinschaften zu erforschen. Als Begründer gilt Ferdinand de Saussure (1857-1913), der mit seiner Sprachtheorie den Anstoß für eine allgemeine Semiotik gab. Der bekannteste Vertreter des Strukturalismus ist Claude Levi-Strauss (1908-2009), der sich der Erforschung der Riten und Symbole sogenannter primitiver Gesellschaften widmete. Aus dem Strukturalismus ging der Poststrukturalismus hervor, der meist mit der Postmoderne identifiziert wird. Sein Anliegen ist es, die Beschreibungsebene des Strukturalismus durch eine kritische Befragung der Ursachen und Entwicklungen von Zeichensystemen zu erweitern.

Das Schlagwort „Postmoderne" geht auf Francois Lyotard (1924-1998) zurück, für den die Moderne an ihrem eigenen Anspruch scheiterte. Es ist vor allem der für die Moderne grundlegende Fortschrittsgedanke, den die postmoderne Perspektive in Frage stellt. Die Moderne besteht aus einer Folge von Neuerungen, wobei jede Neuerung eine Überwindung der bisherigen Stufe ist. Wenn die Neuerungen aber gar keine Verbesserungen sind, dann wird es gar nicht immer besser, dann wird es nur anders. Damit taucht der Vorwurf des Relativismus auf.

Lyotard diagnostiziert das Ende der großen Erzählungen, die der Moderne im Gefolge der Aufklärung ihre Legitimität verliehen. Das Projekt Moderne war durch zwei große Metaerzählungen legitimiert: einmal durch die politische Erzählung der Aufklärung, die die Emanzipation der Menschheit zum Thema hat. Die Geschichte wird hier als eine Entwicklung zu Wissen, Freiheit und Frieden verstanden. Die zweite Erzählung ist eine philosophische und hat die Selbstentfaltung des Geistes zum Inhalt. Diese Erzählungen haben ihre Verbindlichkeit verloren. Die Postmoderne ist weniger eine neue Epoche, die die Moderne ablöst, sondern vielmehr eine andere Perspektive auf die gleiche Entwicklung.

Der wahrscheinlich bedeutendste und einflussreichste Philosoph der letzten Jahrzehnte ist Michel Foucault (1926-1984). Im Gefolge von Nietzsche versteht er die Welt als Gefüge von Machtstrukturen, die es durch eine genealogische Methode aufzuklären gilt. Foucault nennt sein Vorgehen archäologisch. Dazu untersucht er unter anderem die Wandlung im Verständnis von Wahnsinn oder von Strafe im Verlauf der neuzeitlichen Geschichte. In der Moderne seit Beginn des 19. Jahrhunderts werden körperliche Strafen durch das Gefängnis und die Disziplinierung und Abrichtung der Delinquenten abgelöst. Diese Entwicklung ist aber nicht abgeschlossen, sondern unsere Gegenwart ist nur eine weitere Stufe. Jetzt werden die Überwachungsmechanismen nämlich verinnerlicht und die Menschen verhalten sich freiwillig im Sinne der Machtstrukturen. Die Machtausübung erscheint jetzt in Gestalt staatlicher Fürsorge und psychologischer Therapie.

In seinem Hauptwerk *Die Ordnung der Dinge* untersucht Foucault die Verschiebung von Weltbildern, die das Denken und die Wirklichkeit selbst verändern. Leitend ist dabei die Verwunderung, warum bestimmte Fragen zu bestimmten Zeiten gestellt wurden und zu anderen nicht. Erst mit Anbruch der Moderne um 1800 tritt so etwas wie der Mensch als solcher in den Mittelpunkt der Wissenschaften und der Philosophie. Foucault spricht sogar davon, dass erst jetzt der Mensch erfunden wird, als eine einfache Falte in unserem Wissen, und dass er verschwinden wird, wie ein Gesicht im Sand am Meeresufer, sobald unser Wissen eine neue Form gefunden hat.

Gilles Deleuze (1925-1995) setzt dem neuzeitlichen Modell einer binären ordnenden Rationalität, die in Descartes' Bild vom Baum des Wissens ihr Symbol findet, sein Konzept des Rhizoms entgegen. Das Rhizom bezeichnet ursprünglich in der Botanik die Wurzelgeflechte von Pflanzen. Deleuze verallgemeinert diesen Begriff als anarchisches Graswurzeldenken. So wie die Natur soll sich auch das Denken als wildes Wachstum entfalten, das ungeordnet nach allen Seiten ausgreift. Es gibt keine festen Strukturen, sondern alles ist veränderlich. Ein Rhizom kann an jeder Stelle unterbrochen oder zerrissen werden, es setzt sich einfach an einer anderen Stelle fort.

Jacques Derrida (1930-2004) ist der Meister der Assoziation und eine der umstrittensten Gestalten der Philosophie der letzten Jahre. Derrida behandelt literarische Texte wie philosophische und philosophische wie literarische und hebt damit die Grenzen zwischen den Disziplinen auf. Diese Ungebundenheit macht seine Schriften jedoch offen für überraschende Wendungen und verblüffende Einsichten. Sein zentraler Begriff ist die Dekonstruktion, ein Kunstwort, das aus der Verbindung von „Destruktion" und „Konstruktion" gebildet ist. Genau dies ist Derridas Vorgehen: Er zerstört vorgefundene Theorien und Sinnkonzepte, um aus den Bruchstücken einen neuen oder vielleicht einen bisher verborgenen Sinn hervorzuholen. Texte werden gegen den Strich gelesen. Alles wird zum interpretierbaren Zeichen. Dieses anarchische Moment gibt seiner Philosophie eine absolute Offenheit und etwas Subversives das sich jeder Autorität verweigert.

Weitere wichtige Vertreter sind Giorgio Agamben (geb. 1942), der in der Nachfolge Foucaults den Begriff der Biomacht aufgreift und in unserer freizügigen und fürsorglichen europäischen Wirklichkeit den Keim des Totalitarismus erkennen will. Als Kritiker der Postmoderne mit postmodernen Mitteln können Slavoj Žižek (geb. 1949) oder Alain Badiou (geb. 1937) verstanden werden, die gegen linksliberale und postmoderne Positionen einen leidenschaftlichen Kommunismus wiederbeleben wollen, der aus einer ekstatischen Ausnahmesituation und Augenblickserfahrung entspringt.

Disziplinen der Philosophie

Logik

Die Logik ist die allgemeinste Disziplin der Philosophie und gleichermaßen der Mathematik. Hier geht es um die unabdingbaren Grundlagen jeder Argumentation und jeder Wissenschaft. Aristoteles bestimmte die Logik als die Lehre vom richtigen Schließen. Aus zwei Sätzen folgt ein Ergebnis, das auf jeden Fall wahr ist, denn die logische Wahrheit ergibt sich einzig und allein aus der Beziehung der beiden Sätze. Das klassische Beispiel für einen logischen Schluss lautet:

Alle Menschen sind sterblich.
Sokrates ist ein Mensch.
Also ist Sokrates sterblich.

Die ersten beiden Sätze bezeichnet man als Prämissen, der dritte Satz ist die Konklusion. Die Konklusion enthält keine Informationen, die nicht schon in den Prämissen ausgesagt würden, sie fügt kein zusätzliches Wissen hinzu, sondern sie zieht aus den Prämissen einen Schluss. Der Schluss ist eine Folgerung. Und diese Folgerung ist immer wahr. Sie können den Inhalt des Beispiels auch abändern. Was Sie einsetzen, ist dabei völlig beliebig. Selbst der Satz „Wenn alle Mäuse Krawatten tragen und Mickey eine Maus ist, dann trägt Mickey eine Krawatte", ist ein logisch korrekter Schluss, auch wenn sein Inhalt unsinnig ist. In der Logik kommt es also gar nicht auf den Inhalt von Sätzen an, sondern nur auf die Form. Statt von Sokrates oder Mäusen zu sprechen, können Sie auch Platzhalter oder Variablen verwenden.

Alle A sind B
C ist ein A
Also ist C ein B

Für A, B und C können Sie einsetzen, was immer Sie wollen, es kommt jedes Mal ein logisch korrekter Schluss heraus, denn es geht nur um formale Kriterien, unabhängig vom Inhalt. Die Logik des Aristoteles nennt man Syllogistik. Man unterscheidet dabei zwischen vier Arten von Aussagen:

1. Allgemein bejahende Aussagen: Alle S sind P
2. Allgemein verneinende Aussagen: Kein S ist P
3. Partikulär bejahende Aussagen: Einige S sind P
4. Partikulär verneinende Aussagen: Einige S sind nicht P

Die Platzhalter S und P stehen hier für Subjekt und Prädikat. Aristoteles spricht davon, dass P allen oder einigen S zukommt oder nicht zukommt. Um es etwas anschaulicher zu machen, will ich Ihnen für jede Aussageform ein Beispiel geben:

1. Alle Menschen sind sterblich.
2. Kein Mensch hat Flügel.
3. Einige Menschen sind Griechen.
4. Einige Menschen sind nicht männlich.

Bis zum Ende des 19. Jahrhunderts gab es kaum Änderungen am System der Logik, doch dann begann eine Revolution. Die Logik wurde im Gefolge der Überlegungen von Bertrand Russell und Gottlob Frege von Grund auf neu gestaltet und entwickelte sich zu einer nahezu selbständigen Wissenschaft, die auf den ersten Blick eher Mathematik als Philosophie zu sein scheint. Denn die moderne Logik verwendet ausschließlich Formeln, weshalb sie als formale Logik bezeichnet wird.

Die erste Stufe der formalen Logik ist die Aussagenlogik. Hier geht es, wie der Name schon sagt, um die Beziehungen zwischen Aussagen. Es werden nicht die Aussagen selbst untersucht, sondern die Abhängigkeiten, die zwischen verschiedenen Aussagen bestehen. Da der Inhalt einer Aussage keine Rolle spielt, wird sie mit einem einzigen Buchstaben dargestellt. Die Aussage „Peter ist ein Mann“ sieht in aussagenlogischer Schreibweise einfach so aus: „p". Der Sinn dieses Verfahrens wird Ihnen dann einleuchten, wenn Sie Aussagen in Beziehung zu anderen setzen. Nehmen Sie zum Beispiel den Satz „Peter ist eine Frau" und nennen Sie ihn „q". Jetzt verbinden Sie beide Aussagen und erhalten: „Peter ist ein Mann oder er ist eine Frau". Geschrieben wird das: „p v q". Sie können jetzt auch einen Schluss bilden, indem Sie formulieren:

Peter ist ein Mann oder eine Frau
Peter ist keine Frau
Also ist Peter ein Mann

Aussagenlogisch schreiben Sie:

$p \vee q$	(p oder q)
$\neg q$	(nicht q)
$\rightarrow p$	(also p)

Die Buchstaben p und q stehen hier jeweils für ganze Sätze. Die Gültigkeit der Gesamtaussage beruht einzig und allein auf den Verknüpfungen, den sogenannten Junktoren. Die wichtigsten Junktoren möchte ich Ihnen im Folgenden kurz vorstellen. Die einfachste Verbindung haben Sie im obigen Beispiel schon kennengelernt, es ist die Negation. Dabei handelt es sich um eine Verneinung. In der Aussagenlogik wird dies mit dem Zeichen $\neg$ dargestellt. Der Satz „Peter ist keine Frau" wird formalogisch so geschrieben: $\neg q$

Eine echte Verbindung zwischen Aussagen stellt die Konjunktion her. Sie bedeutet „und" und wird formallogisch mit dem Zeichen ^ abgebildet. Bei einer Aussage, die eine Konjunktion ausdrückt, müssen alle Teilsätze zutreffen, damit die gesamte Aussage wahr ist, wie zum Beispiel in dem Satz: „Peter ist ein Mann und keine Frau": $p \wedge \neg q$. Anders verhält es sich bei der Disjunktion, die „oder" bedeutet, und als v geschrieben wird. Hier genügt es, dass mindestens einer der

Teilsätze der Aussage zutrifft, wie in „Peter ist ein Mann oder eine Frau“: p v q.

Die Subjunktion stellt eine Abhängigkeit zwischen Teilaussagen dar, die als Wenn-Dann-Beziehung ausgedrückt wird. Sie wird mit einem Pfeil dargestellt (→). Nehmen Sie als Beispiel den Satz: „Wenn es regnet, dann wird die Straße nass“. Formallogisch geschrieben sieht dieser Satz so aus: p → q. Wenn p dann q. Die Subjunktion wird bei logischen Schlüssen am häufigsten verwendet.

Die Aussagenlogik betrachtet nur die Beziehungen zwischen Aussagesätzen. Die Sätze selbst werden als Black Box behandelt, deren Inhalt keine Rolle spielt. Eben dies wird zum Thema der Prädikatenlogik, die die Aussagenlogik erweitert. Jetzt geht es um die innere Struktur der Aussagen. Der tatsächliche Bedeutungsinhalt spielt aber weiterhin keine Rolle. Auch die Prädikatenlogik ist eine formale Logik.

Der Satz „Alle Athener sind Griechen“, der in der Aussagenlogik nur als „p“ dargestellt wird, soll jetzt zergliedert werden. Er zerfällt in zwei Bestandteile, einen Teil, von dem etwas ausgesagt wird und ein Prädikat, das im Beispiel die Eigenschaft aussagt, Grieche zu sein. Deshalb heißt dieser Teil der Logik Prädikatenlogik. Lassen Sie sich aber von der Bezeichnung „Prädikat“ nicht in die Irre führen. Auch wenn die Funktion auf den ersten Blick ähnlich aussieht, hat dieses logische Prädikat mit dem grammatikalischen Prädikat nichts zu tun.

Beim anderen Bestandteil „Alle Athener“ interessiert in der Prädikatenlogik nicht der Inhalt, sondern die Einheit. Ob es sich bei den Elementen um Athener, Berliner oder Radfahrer handelt, ist völlig gleichgültig, es geht darum, wie viele Elemente es sind. Die Aussage könnte auch lauten: „Einige Athener sind Griechen“ oder „Ein Athener ist Grieche“. Man nennt diesen Bestandteil deshalb Quantor. Ein Quantor, der eine Aussage über alle Elemente einer Menge macht, heißt All-Quantor. Daneben gibt es den Existenz-Quantor, der eine

Aussage über ein Element der Menge macht, oder besser gesagt: über mindestens ein Element der Gesamtmenge. Ein Beispiel für einen Satz mit Existenz-Quantor wäre: „Mindestens ein Athener ist kein Grieche", oder in anderer Formulierung: „Es gibt mindestens einen Athener, der kein Grieche ist."

Aussagen werden in der Prädikatenlogik immer so umformuliert, dass die Existenz und die Menge vorangestellt werden, und dass anschließend die Gültigkeit des Prädikats als Funktion dargestellt wird. Nehmen Sie als Beispiel den einfachen Satz: „Der Ball ist rot". Prädikatenlogisch wird dieser Satz folgendermaßen umformuliert:

Es gibt einen Ball, für den gilt: Er ist rot.

„Ball" ersetzen Sie durch x und das Rot-Sein schreiben Sie einfach als R. Jetzt müssen noch die Quantoren formalisiert werden. Der Existenzquantor wird mit $\exists$ abgekürzt, der Allquantor mit $\forall$. Der Satz „Der Ball ist rot" lautet demnach:

$\exists x\, R(x)$
Es existiert ein x für das gilt: es ist R.

Den Satz: „Alle Athener sind Griechen" können Sie folgendermaßen umformulieren: Für alle x gilt: Wenn x Athener ist, dann ist x Grieche. Schreiben Sie Athener als A und Grieche als G, dann lautet der Satz:

$\forall x\, (Ax \rightarrow Gx)$
Für alle x gilt, wenn x A ist, dann ist x ein G

Das soll an dieser Stelle als Einblick in die Vorgehensweise der formalen Logik genügen. In der akademischen Philosophie werden natürlich nicht solche simplen Beispiele diskutiert, sondern es werden komplexe Aussagen in ihre formalen Strukturen aufgelöst. Auf diese Weise lassen sich auch versteckte Widersprüche erkennen, die in der Alltagssprache verloren gehen. Die Analyse von Fehlschlüssen ist ein eigenes Gebiet der Logik.

Neben den Grunddisziplinen der Aussagenlogik und der Prädikatenlogik haben sich weitere Teildisziplinen herausgebildet wie die Modallogik, die es nicht mit Aussagen, sondern mit Möglichkeiten zu tun hat, nach dem Muster: „Es ist möglich, dass x“ oder „es ist notwendig, dass x“. Die deontische Logik untersucht die formalen Beziehungen normativer Sätze, wie „es ist erlaubt, dass x“ oder „es ist verboten, dass x“. Alle bisher betrachteten Aussageformen waren zweiwertig nach dem klassischen Satz vom ausgeschlossenen Dritten: etwas ist A oder nicht A, eine andere Möglichkeit gibt es nicht. Die mehrwertige Logik beschäftigt sich genau damit, mit der Möglichkeit mehrwertiger Aussagen von der dreiwertigen bis zur unendlich-wertigen Logik.

Metaphysik und Ontologie

Die Metaphysik war jahrhundertelang die grundlegende Disziplin der Philosophie. Hier wurden die tiefschürfenden Fragen nach dem Sein und dem Sinn, den ersten Gründen und den letzten Zielen behandelt. Was ist das Wesen des Seienden? Warum existiert die Welt überhaupt? Gibt es einen Gott und wenn ja, was können wir über ihn wissen? Besitzt der Mensch eine unsterbliche Seele? Solche Fragen.

Jede Wissenschaft befasst sich mit einem Teilbereich des Seienden und untersucht ihn auf der Grundlage empirischer Beobachtungen. Die Physik fragt nach den allgemeinen Gesetzen der Natur und der Körper, die Biologie untersucht die Eigenschaften und Bedingungen des Lebens und der Lebewesen, die Linguistik fragt nach den Strukturen der Sprache, die Geschichtswissenschaft nach den Ereignissen und Zusammenhängen der Weltgeschichte und so immer weiter. Sie können die Liste beliebig verlängern. Die Metaphysik ist die abstrakteste Disziplin, sie hat es nicht mit irgendeinem bestimmten Seinsbereich zu tun, sondern mit dem Seienden als solchem. Das grundlegende Thema der Metaphysik ist also die Frage, was jedes Seiende auszeichnet, einzig und allein deshalb, weil es ist. Hieran schließt sich die Frage an, ob es verschiedene Arten zu sein und Abstufungen des Seienden gibt.

Für Platon ist die wahre Erkenntnis nur über das Denken zu erreichen. Die Dinge, so wie wir sie sehen, sind nur Schein, es gilt hinter diesem Schein zum Wesen der Dinge vorzudringen. Das eigentlich Seiende sind für Platon nicht die einzelnen Dinge, die wir vor uns haben, sondern das Allgemeine. Und dieses Allgemeine nennt er Idee. Man bezeichnet solche allgemeinen Begriffe als Universalien. Über die Existenzart der Universalien gab es in der Geschichte der Metaphysik einen jahrhundertelangen Streit. Die Nominalisten behaupteten, dass es nur Einzeldinge gäbe, die Realisten gingen davon aus, dass auch die Universalien Realität haben müssen. Das Problem hat seinen Ursprung darin, dass die klassische Metaphysik ihre Objekte als etwas Sachhaltiges verstand, sie betrachtete auch Ideen, Zwecke oder Gott als etwas, das in irgendeiner Weise vorhanden war, zwar nicht so gegenständlich wie Tische oder Tiere, aber als etwas, das unabhängig vom Beobachter existieren musste. In der gesamten klassischen Metaphysik, die die Antike und das Mittelalter beherrschte, wurden ihre Gegenstände als sachhaltig betrachtet. Ihre Themen betrafen die Welt und die Dinge und Lebewesen in ihr, nicht Wörter und Begriffe.

Traditionell unterschied man zwischen allgemeiner und spezieller Metaphysik. Die Allgemeine Metaphysik ist die Lehre vom Sein und von den Grundstrukturen alles Seienden. Diese Seinslehre nannte man später Ontologie. Die Spezielle Metaphysik untersucht die Seinsweisen einiger spezieller Seinsbereiche, und zwar derjenigen Bereiche, die über die Naturerfahrung hinausreichen. Die spezielle Metaphysik hat es mit dem Übersinnlichen zu tun und gliedert sich nochmals in drei Teildisziplinen, in die Rationale Theologie als Lehre vom Sein Gottes, in die Rationale Psychologie als Lehre vom Sein der Seele und ihrer möglichen Unsterblichkeit und in die Rationale Kosmologie, die Lehre vom Anfang und Ende der Welt. Heute spielt die Spezielle Metaphysik nur eine historische Rolle, weshalb der Begriff „Metaphysik" bei vielen zeitgenössischen Philosophen durch Ontologie ersetzt wurde.

Mit der Neuzeit, die mit René Descartes beginnt, ändert sich die Rolle der Metaphysik insgesamt. Sie gerät jetzt in Abhängigkeit von der Erkenntnistheorie. Am Anfang der Philosophie steht nun die Frage, wie unser Wissen überhaupt zustande kommt und wie somit Metaphysik möglich ist. Die Begründung allen Wissens liegt jetzt im Subjekt, das Wissen ist nicht mehr eine von Gott offenbarte Wahrheit, sondern die vom Subjekt entdeckte Gewissheit. Das Ich wird zum Schlüssel für die Deutung der Welt.

Immanuel Kant macht Ernst mit dieser These, mit ihm erreicht die Metaphysik ein neues Stadium. Je nach Standpunkt kann man auch sagen, bei Kant endet die klassische Metaphysik, da ihre Unmöglichkeit erkannt wird. Bevor wir metaphysische Gesetze aufstellen, müssen wir zuerst nach den Bedingungen ihrer Möglichkeit fragen. Die klassische Metaphysik traf Aussagen über die Wirklichkeit, Kant sieht die Metaphysik in Abhängigkeit vom Erkenntnissubjekt. Unsere Beobachtungen hängen von unserer Beschaffenheit als Beobachter ab, von unseren Denkstrukturen und unseren Sinnesorganen. Es geht nicht mehr um die Dinge, sondern um unsere Vorstellungen von den Dingen.

Das zentrale Thema der Ontologie ist das Sein alles Seienden und die verschiedenen Weisen, wie das Seiende ist. Doch was ist dieses „Sein"? Es gibt den Infinitiv „sein", der zu „das Sein" substantiviert werden kann. Daneben gibt es das Partizip

„seiend“ mit der Substantivierung „Seiendes“. Wenn Ihnen das zu abstrakt und kompliziert klingt, dann können Sie zunächst ein etwas anschaulicheres Verb als „sein“ nehmen. Wie wäre es zum Beispiel mit „singen“. Der Infinitiv „singen“ bezeichnet, was geschieht, die Substantivierung „das Singen“ benennt den Vollzug, das Partizip „singend“ charakterisiert ein Vollziehendes, nämlich den „Singenden“.

Genauso verhält es sich mit dem Sein. Ich bin, Sie sind, das Buch ist. Über unsere verschiedenen Arten zu sein, können wir sprechen und damit das Sein aller Dinge und Wesen thematisieren. Alle diese Dinge sind Seiendes und wir können über das Sein dieses Seienden sprechen. Die Verwirrungen kommen daher, dass häufig die Begriffe „Sein“ und „Seiendes“ verwechselt werden, und dass jemand „Sein“ sagt, wenn er „Seiendes“ oder alles Seiende im Ganzen meint.

Dieses scheinbar so einfache „sein“ kann in vielfacher Weise ausgesagt werden und ein Seiendes in ganz unterschiedlicher Hinsicht betrachtet werden kann, selbst wenn man von ihm einfach nur sagt, dass es dies oder das, oder so oder anders ist. Um diese verschiedenen Arten des Seins begrifflich trennen zu können, gibt es Kategorien. Mit ihrer Hilfe lässt sich Seiendes strukturieren, in Mengen oder Arten von Objekten, wie zum Beispiel Einzeldinge, Ereignisse, Eigenschaften, biologische Arten, nicht-natürliche Eigenschaften und etliches mehr. Die Kategorien sind die allgemeinsten Bestimmungen des Seienden.

Die grundlegende Kategorie ist in der traditionellen Metaphysik die Substanz. Sie ist dasjenige, was bestimmte Eigenschaften oder Zustände haben kann. Und diese Eigenschaften und Zustände sind es dann, die von der Substanz ausgesagt werden. Das bedeutet, dass die Substanz etwas Identisches ist, das sich bei allen Veränderungen durchhält. Nehmen Sie als Beispiel einen Ball. Der Ball kann rot sein. Wenn Sie ihn mit Farbe besprühen, wird er grün, er ändert also die Eigenschaft der Farbe, trotzdem ist es immer noch der gleiche Ball. Solche Eigenschaften wie Farbe, Trockenheit oder Geruch können wechseln und gehören nicht zum Wesen des Balls. Solche Faktoren nennt man Akzidenzien. Die Akzidenzien sind nicht wesentlich für die Substanz, sondern eher zufällig. Sie sind hinsichtlich ihres Seins von einem anderen abhängig. Eine Farbe zum Beispiel kann nicht für sich bestehen, sie braucht immer einen Gegenstand, der gefärbt ist. Die Substanz ist dasjenige, das bestimmte Eigenschaften hat, die Akzidenzien sind diese Eigenschaften.

Seit Kant werden die Kategorien nicht mehr als Seinskategorien, sondern als Denkformen gedeutet, als Denkstrukturen, mit denen wir die Dinge und Ereignisse der Wirklichkeit bestimmen. Darin liegt seine überragende Bedeutung für die Metaphysik. Kant sagt, dass die Kategorien nicht das Seiende selbst formen, sondern dass sie Formen unserer Verstandestätigkeit sind. Die Kategorien, einschließlich der Substanz, sind etwas Subjektives, sie sind Strukturen des Denkens und formen die Wirklichkeit, die dann Erscheinung ist. Die klassische Metaphysik machte Aussagen über die Welt und die Dinge. Die moderne Metaphysik seit Kant macht Aussagen über unsere Vorstellung von der Welt.

Das 20. Jahrhundert war lange Zeit sehr metaphysikkritisch und führte metaphysische Probleme auf Sprachverwirrungen zurück, wofür als Beispiele Ludwig Wittgenstein und Gilbert Ryle genannt seien. Jetzt geht es auch nicht mehr um Vorstellungen, sondern es geht nur noch um sprachliche Ausdrücke und deren Verwendung. Doch auch auf sprachanalytischer Grundlage wird heute Ontologie betrieben. Die Frage nach dem Sein oder der Existenz kann auch so gestellt werden, dass man die Bedeutung des Begriffs „ist“ in den Mittelpunkt stellt. Handelt es sich dabei einfach um ein grammatikalisches Gebilde, die Satzkopula? Oder um ein logisches Prädikat? Wird damit einem Seienden eine Eigenschaft zugeschrieben? Oder wird gar eine Eigenschaft des derzeitigen Weltzustandes behauptet?

So wird auch in der Gegenwart über Kategorien diskutiert. Wie sind zum Beispiel Zuordnungen wie Notwendigkeit, Aktualität und Möglichkeit zu verstehen, was bedeuten Einteilungen wie Einheit, Vielheit und Allheit oder die Trennungen von abstrakt und konkret, Identität und Ähnlichkeit und anderes mehr. Mit der Kategorie der Essentialität beispielsweise wird eine Eigenschaft klassifiziert, ohne die etwas nicht existieren kann, oder ohne die es nicht das wäre, was es ist.

Erkenntnistheorie

Die Erkenntnistheorie befasst sich damit, wie Erkenntnis von der Welt zustande kommt. Wovon können wir etwas wissen? Wie entsteht Wissen? Und was heißt „Wissen" überhaupt? Zunächst müssen die Voraussetzungen des Erkennens geklärt werden, und dann die Frage, wie wir zu Wissen und vor allem zu gesichertem Wissen gelangen können. Was also sind seine Quellen und wo liegen seine möglichen Grenzen?

Wissen wird unterschieden vom Glauben und vom bloßen Meinen. Wenn wir etwas wirklich wissen, dann können wir es begründen und dann erkennen wir die Dinge und Zusammenhänge, wie sie in Wirklichkeit sind. Mit dieser Auffassung von „wirklich" meinen wir die Welt, wie sie an sich ist, so wie es sich objektiv verhält. Wir wollen uns ja nicht damit begnügen, dass uns etwas nur so und so vorkommt, dass es uns nur so erscheint. Oder geht das gar nicht? Müssen wir uns damit begnügen, dass wir Dinge immer so erkennen, wie sie uns Menschen erscheinen? Die Frage, wie wir überhaupt etwas erkennen, führt uns also zu der Frage, ob wir tatsächlich das erkennen, was die Wirklichkeit ist, und wie wir das überhaupt beurteilen können.

Im alltäglichen Leben gibt es normalerweise kein Problem damit. Sie nehmen über Ihre Sinnesorgane alle möglichen Reize auf, wobei bereits hier weit über neunzig Prozent aller Sinnesdaten einfach weggefiltert werden. Diese Reize, die über Augen, Ohren oder den Tastsinn von Ihnen aufgenommen werden, verarbeitet Ihr Gehirn zu sinnvollen Erkenntnissen. Dabei fließen Erinnerungen, Erwartungen und allgemeine Kenntnisse über die Umstände, in denen Sie sich gerade befinden, mit ein.

Woher also wissen Sie all die Dinge, die Sie wissen? Sie wissen Dinge, die Sie selbst persönlich gesehen oder erlebt haben, aber auch Dinge, die Sie gelernt haben, von denen Ihnen erzählt wurde, oder über die Sie gelesen haben. Manchmal wissen Sie aus diesen Quellen auch, dass etwas, das Sie sehen, „in Wirklichkeit" nicht so ist, dass die Sonne zum Beispiel nicht wirklich „untergeht". Der Augenschein kann täuschen. Und bisher haben Sie immer nur danach gefragt, was Sie selber wissen und sehen. Doch woher wissen Sie, dass andere Menschen das Gleiche fühlen und sehen wie Sie?

Was auch immer geschieht, Sie erkennen trotzdem etwas Sinnvolles, weil ihr Gehirn alle Beobachtungen in einen Gesamtzusammenhang einfügt, und immer eine mehr oder weniger sinnvolle Erkenntnis konstruiert. Wir rezipieren zwar eigentlich Sinnesdaten, aber das, was wir wahrnehmen, sind Objekte der Außenwelt. Sie setzen nicht Sinneseindrücke zu Objekten zusammen, sondern je nach der Erwartung von bestimmten Objekten filtern Sie die Sinnesdaten entsprechend. Sie sehen also nicht einen Schuh, der unter einem Vorhang hervorschaut, sondern Sie „sehen" sofort den Menschen, der sich dahinter versteckt. Wäre dort wirklich nur ein Schuh, so wären Sie wahrscheinlich erstaunt.

Die wichtigste Herausforderung für jede Erkenntnistheorie ist der Skeptizismus. Der Skeptiker hält prinzipiell alles für unsicher und widerlegbar und ersetzt Wahrheit durch Wahrscheinlichkeit. Gemeinsam ist den Skeptikern zu allen Zeiten, dass sie eine vollständige Welterkenntnis für unmöglich halten, wobei der Skeptizismus unterschiedlich radikal auftreten kann.

Skeptiker verwenden gerne Gedankenexperimente, wie zum Beispiel das Traumargument: Wie kann ich sicher sein, dass ich nicht gerade träume und alles, was ich für wirklich halte, in Wahrheit nur Einbildung ist. Eine moderne Variante ist die Vorstellung vom Hirn im Tank. Wie kann ich sicher sein, dass meine Welt real ist und ich nicht vielleicht bloß ein Gehirn in einer Nährflüssigkeit mit angeschlossenen Elektroden bin, dem alles nur vorgegaukelt wird. Das klingt nach Science Fiction und bildet zum Beispiel eine Prämisse des Films *Matrix*.

Von solchen Überlegungen fehlt nur noch ein kleiner Schritt, um die Existenz einer Außenwelt überhaupt zu bezweifeln. Man nennt eine solche Extremform der Skepsis Solipsismus. Der Solipsist zweifelt, dass es außer ihm überhaupt etwas anders gibt. Rational ist eine solche Haltung wahrscheinlich nicht zu widerlegen. Man kann jemandem, der den Zweifel so weit auf die Spitze treibt, nur mit Wittgenstein entgegenhalten, dass Zweifeln nur sinnvoll ist, wenn man an gewissen Dingen nicht zweifelt. Der Zweifel setzt schon eine Gewissheit voraus.

Die Frage nach Zweifel und Gewissheit beherrschte die Philosophie des 17. und 18. Jahrhunderts von Descartes bis Kant. Hier in der Neuzeit wurde die Erkenntnistheorie zur fundamentalen Disziplin der Philosophie und verdrängte die Metaphysik. Descartes mit seinem methodischen Zweifel, der eine absolut sichere Erkenntnis als unbezweifelbare Gewissheit suchte, eröffnete das Thema. Bei ihm finden Sie mit der Vorstellung eines täuschenden Gottes auch eine extreme Steigerung des Traumarguments. Descartes findet seine Gewissheit schließlich im Selbstbewusstsein, im reinen Denken, doch eine sichere Erkenntnis der Außenwelt kann er nur über die Postulierung Gottes gewährleisten.

Die Erkenntnistheorie spaltete die Philosophie in den Rationalismus und den Empirismus. Während die Rationalisten darauf beharrten, dass sichere Erkenntnis, deren Sätze beweisbar sind und notwendig gelten, nur im reinen Denken zu finden ist, auch um den Preis des Wirklichkeitsverlusts, betonten die Empiristen, dass jede Erkenntnis ihren Ursprung in der Erfahrung hat. Aber aus einzelnen Beobachtungen kann niemals eine notwendige Allgemeinheit folgen, die für alle Fälle gilt.

Kant löste das Problem, indem er nach den Voraussetzungen und Bedingungen unserer Erkenntnis fragte. Alle Dinge und Ereignisse der Wirklichkeit sind relativ auf uns als erkennende Subjekte. Sie werden von uns mitkonstruiert. Es kann sicheres Wissen geben, da die Erkenntnis es nicht mehr mit Dingen an sich, sondern mit unseren Vorstellungen von den Dingen zu tun hat.

Im 20. Jahrhundert geht die Philosophie einen Schritt weiter, indem es jetzt nicht mehr um Vorstellungen, sondern um Begriffe und die Geltung von Sätzen geht. Vorstellungen sind etwas vage in unserem Kopf Befindliches, Sätze sind etwas klar Formuliertes. Wittgenstein sagt, dass unser Wissen von der Welt aus einer Menge von Sprachspielen besteht, die ein Weltbild bilden, das seinen letzten Grund im praktischen Handeln der Lebenswelt hat. Wissen ist vom Kontext abhängig. Diesen Gedanken erweitert Quine zu seiner holistischen Theorie der ontologischen Relativität. Sie können nicht die Wahrheit einzelner Aussagen betrachten, sondern nur die Gesamtheit aller Sätze über die Wirklichkeit.

Wenn Sie etwas wissen, dann muss es objektiv gelten. Wenn Sie wissen, dass Paris die Hauptstadt von Frankreich ist, dann schließt das ein, dass es für alle Menschen gilt und dass es an jedem Ort gilt. Sympathie dagegen ist subjektiv. Wenn Sie den Hausmeister sympathisch finden, muss dies nicht für alle Nachbarn gelten. Der typische Gegensatz besteht zwischen subjektiver Meinung und objektiver Erkenntnis. Wenn Sie etwas wissen, dann setzen Sie voraus, dass alle anderen Ihnen zustimmen müssen. Worauf beruht diese Überzeugung?

Die traditionelle Auffassung seit Platon lautet, dass Wissen eine gerechtfertigte wahre Überzeugung ist. Wissen ist also keine zufällig wahre Meinung. Wenn Sie nur raten, kann es zwar auch sein, dass Sie das Richtige sagen, aber in diesem Fall wissen Sie es nicht. Damit Sie wirkliches Wissen von einer Sache haben, braucht es Wahrheit und Überzeugung. Der Sachverhalt muss zunächst einmal wahr und Sie müssen überzeugt sein, dass er wahr ist. Wenn Sie davon zwar überzeugt wären, er aber falsch wäre, dann wären Sie im Irrtum. Wenn er wahr wäre, Sie aber nicht davon überzeugt, dann könnten Sie nur raten. Gerechtfertigt ist Ihre Überzeugung dann, wenn Sie sie gut begründen können. Eine solche Begründung muss argumentativ nachvollziehbar sein und darf zum Beispiel nicht darin bestehen, dass Sie es aus Ihrem Kaffeesatz gelesen haben.

Fassen Sie zusammen: Sie verfügen über Wissen, wenn eine Aussage wahr ist, Sie davon überzeugt sind, dass sie wahr ist und dies auch nachvollziehbar begründen können. Diese Auffassung klingt sehr einleuchtend, sie wurde aber von dem amerikanischen Philosophen Edmund Gettier (geb. 1927) in einem vielfach diskutierten Aufsatz von 1963 erschüttert. Das sogenannte Gettier-Problem beschäftigte die Analytische Philosophie während der letzten Jahrzehnte nachhaltig. Worum geht es? Die Ausgangslage lässt sich sprachlogisch folgendermaßen darstellen:

S weiß, dass p genau dann, wenn

1. S die Überzeugung hat, dass p
2. Es wahr ist, dass p
3. S's Überzeugung gerechtfertigt ist

Beim Gettier-Problem fällt die dritte Voraussetzung weg. Es sind Fälle denkbar, in denen jemand von einer wahren Aussage überzeugt ist, die Gründe seiner Überzeugung jedoch falsch sind. Es geht um die Frage, ob ein solches, zweifellos richtiges Wissen, das auf einer zwar richtigen aber falsch begründeten Überzeugung beruht, richtiges Wissen ist, oder nicht.

Das nachfolgende Beispiel stammt von Gettier selbst: Die zwei Kollegen Smith und Jones haben sich auf die gleiche Stelle beworben. Der Personalleiter der Firma sagt Smith, dass leider Jones den Job bekommen werde. Zufällig hat Smith, vor zehn Minuten mitbekommen, dass Jones zehn Münzen in der Tasche hat. Daraus kann er mit gutem Grund folgenden Satz als wahr behaupten: Derjenige, der die Stelle bekommt, hat zehn Münzen in der Tasche. Jetzt kommt es aber so, dass nicht Jones, sondern Smith selbst die Stelle erhält. Und zufällig hat er selber auch zehn Münzen in der Tasche, ohne es zu wissen. Der fragliche Satz ist also wahr, Smith ist überzeugt, dass er wahr ist und Smith hat einen guten Grund, zu glauben, dass er wahr ist. Trotzdem würden wir nicht sagen, dass Smith es weiß, weil die Information auf der seine Überzeugung beruht, dass nämlich Jones die Stelle bekommen würde, falsch ist. Zugegeben, das Beispiel ist etwas konstruiert und ähnlich künstlich sind alle Beispiele, die man für das Gettier-Problem entwickelt hat. Dennoch wird daran deutlich, dass man sich nie vorschnell mit scheinbar einfachen Erklärungen zufriedengeben sollte.

Wissenschaftstheorie

Die Wissenschaftstheorie entstand aus der Erkenntnistheorie. Hier geht es über die Fragen der richtigen Erkenntnis hinaus um die Methoden der Wissenschaft als eines Bereichs besonders gesicherten und begründeten Wissens. Es geht darum, wie die Wissenschaften vorgehen müssen, damit sie zu gesicherter Erkenntnis gelangen. Mit Wissenschaften sind hier in erster Linie die Naturwissenschaften gemeint. Dementsprechend hat die Wissenschaftstheorie eine enge Verbindung zur Logik und zur naturwissenschaftlichen Grundlagenforschung.

Die Wissenschaften sollen keine Geschichten erzählen, wie dies die Mythen in vormodernen Gesellschaften und bis heute die Religionen tun. Von den Wissenschaften erwarten wir, dass sie die Phänomene der Welt objektiv und ohne Vorurteile erforschen. Das muss aber mehr sein, als das bloße Sammeln und Beschreiben von Tatsachen. Die Wissenschaften sollen Erklärungen für die Phänomene der Wirklichkeit geben. Sie sollen nicht nur feststellen, dass etwas geschieht, sondern sie sollen erklären, warum es so ist, wie es ist.

In der Wissenschaft gibt es grundsätzlich zwei Möglichkeiten zu Erkenntnissen zu gelangen: die Deduktion und die Induktion. Bei einem deduktiven Verfahren gehen Sie von allgemeinen Regeln aus und leiten Ihre Erkenntnisse daraus ab. Deduktionen bedienen sich also der logischen Schlussregeln. Ihre wichtigsten Anwendungsgebiete sind die Mathematik und die theoretische Physik. Deduktionen haben den Charakter von Beweisen, das heißt, ein wissenschaftlicher Satz, der deduziert wurde, kann als wirklich gesichert gelten. Er ist bewiesen, und kann nun selbst wiederum zur Ausgangsbasis für weitere Schlüsse dienen.

Bei den empirischen Naturwissenschaften sind deduktive Schlüsse aber kaum möglich, denn hier bilden empirische Beobachtungen die Grundlage. Deshalb müssen Sie ein induktives Verfahren anwenden. Statt einer allgemeinen Regel sind einzelne Fälle gegeben. Die Regel soll als Ergebnis am Ende stehen. Sie machen also bestimmte empirische Beobachtungen und ziehen daraus Ihre Schlüsse. Solche induktiven Schlüsse sind für Wissenschaften nicht wirklich tauglich, da sie keine Allgemeinverbindlichkeit gewährleisten können. Dies hatte bereits Hume festgestellt. Beim induktiven Verfahren ziehen Sie aus einer endlichen Anzahl von Einzelfällen einen Schluss, der für alle Fälle gilt, die überhaupt möglich sind. Das Verfahren mag sehr hilfreiche und nützliche Erkenntnisse erbringen, es kann aber niemals eine absolute Sicherheit liefern. Im Gegensatz zu den errechneten und bewiesenen Gesetzen der Deduktion können Sie mit Hilfe von Induktionen nur zu einer bestimmten Wahrscheinlichkeit gelangen. Sie können niemals mit völliger Sicherheit sagen, ob die Dinge sich auch in Zukunft so verhalten werden. Dennoch sind wir auf vielen Gebieten der Wissenschaft auf Induktionen angewiesen.

Das Vorgehen der Wissenschaften läuft idealerweise folgendermaßen ab: Forscher machen empirische Beobachtungen, die sie durch Experimente überprüfen. Diese empirische Überprüfung ist fundamental für jede Wissenschaft, um Irrtümer oder Missverständnisse auszuschließen. Ein Ereignis muss sich im Experiment wiederholen lassen. Bestätigen sich die Zusammenhänge, dann ergibt sich ein empirisches Gesetz, das jedoch immer den Charakter einer Hypothese hat. Wenn die Hypothesen sich bewähren und nicht widerlegt werden, wird man sie nach einiger Zeit allerdings als Gesetze behandeln. Man geht dann davon aus, dass die Hypothesen richtig sind. Ein ganzes System von Gesetzen nennt man eine wissenschaftliche Theorie, die im Idealfall geeignet ist, alle Phänomene der Wirklichkeit zu beschreiben.

Das entscheidende Problem besteht darin, wie die Wahrheit von Naturgesetzen bestimmt werden kann. Wenn jemand einen Satz als wahr behauptet, dann können Sie von ihm eine

Rechtfertigung verlangen, einen Nachweis, dass dieser Satz wirklich wahr ist. Ein solcher Nachweis heißt Verifikation. Die Verifikation ist eng mit dem Beweis verwandt, im Grunde ist ein Beweis das beste Beispiel für eine Verifikation. Wie kann aber ein wissenschaftlicher Satz verifiziert werden, wenn die Induktion nur zu Wahrscheinlichkeiten führt? Dies nennt man das Problem der Unterbestimmtheit einer Theorie durch die Beobachtung.

Auf diese Problematik antwortete Karl Popper (1902-1994) mit seinem Ansatz der Falsifikation. Sie können zwar viele Sätze über die Natur nicht verifizieren und damit beweisen, Sie können aber einige Sätze widerlegen, indem Sie sie falsifizieren. Und das ist doch eine ganze Menge, denn auch das Ausscheiden falscher Behauptungen bringt unsere Erkenntnis voran. Nehmen Sie als Beispiel den Satz „Alle Schwäne sind weiß". Diese Gesetzmäßigkeit mag durch alle bisherigen Beobachtungen gestützt sein, es reicht trotzdem nicht für eine Verifikation im Sinne einer allgemeingültigen Gesetzmäßigkeit, da damit eine Aussage über alle Schwäne der gegenwärtigen Welt und auch alle Schwäne der Zukunft getroffen würde. Die Beobachtung eines einzigen schwarzen Schwans reicht jedoch aus, den Satz zu falsifizieren und damit zu widerlegen.

Für die Wissenschaften hat das zur Folge, dass alle ihre Behauptungen den Charakter von Hypothesen erhalten, die nur so lange gelten, bis sie falsifiziert werden. Eine Hypothese, die zwar falsifizierbar ist, bisher aber nicht falsifiziert wurde, kann bis auf weiteres als eine bewährte Hypothese gelten. Und alle bewährten Hypothesen zusammen bilden den Inhalt der Wissenschaften. Behauptungen über Engel, Einhörner oder Gott sind nicht falsifizierbar und haben deshalb in der Wissenschaft nichts verloren. Unser ganzes Wissen ist deshalb nach Popper hypothetisch, es besteht aus Hypothesen, die mehr oder weniger bestätigt sind. Poppers klassische Wissenschaftstheorie ist jedoch grundsätzlich optimistisch, da er an eine beständige Ausweitung des gesicherten Wissens glaubt.

Dem widersprach Thomas Kuhn (1922-1996) mit seiner Theorie vom Paradigmenwechsel. Die Vorstellung einer beständigen kontinuierlichen Weiterentwicklung der Wissenschaften ist nach Kuhn eine Illusion. Die Entwicklung verläuft vielmehr in Brüchen, in wissenschaftlichen Revolutionen. Die meiste Zeit verläuft die Forschung zwar in geradlinigen Bahnen, was Kuhn als Normalwissenschaft bezeichnet, doch immer wieder kommt es zu wissenschaftlichen Revolutionen, bei denen nicht nur einzelne Ergebnisse und Hypothesen, sondern bei denen der gesamte Bau des Wissens über den Haufen geworfen wird.

Dies liegt daran, dass die wissenschaftliche Forschung immer im Rahmen feststehender Voraussetzungen abläuft, die selbst nicht mehr in Frage gestellt werden. Diese Voraussetzungen nennt Kuhn Paradigmen. Häufen sich irgendwann die Widersprüche und treten immer mehr Phänomene auf, die sich im Rahmen der bestehenden Theorie nicht erklären lassen, oder die nur durch Zusatzannahmen in Einklang zu bringen sind, dann gerät irgendwann das Paradigma selbst ins Wanken, und das menschliche Wissen erfährt eine Art „Reset“, um auf neuen Voraussetzungen neu aufzubauen. Bei einem Paradigmenwechsel kann es auch geschehen, dass ein großer Teil der bisher für gültig gehaltenen Grundsätze und viele vorgebliche Tatsachen über Bord geworfen werden, da das neue Wissen mit dem alten nicht vereinbar ist.

Den schärfsten Angriff auf jeden wissenschaftlichen Fortschrittsoptimismus führte Paul Feyerabend (1924–1994) mit seinem Ansatz des Methodenanarchismus. Für Feyerabend gibt es gar keine objektiven Tatsachen, da die Gegenstände jeder Theorie schon durch Vorannahmen geprägt sind. Die Schaffung eines Gegenstands und die Entstehung des Verständnisses dieses Gegenstandes sind nicht voneinander zu trennen.

Dafür präsentiert Feyerabend etliche Beispiele aus der Geschichte der Wissenschaften. Auch die Wissenschaft ist demnach nur eine Form des Mythos. Er zieht daraus die Konsequenz, alle Theorieansätze als gleichberechtigt zu behandeln, wobei er ausdrücklich auch den Voodoo einbezieht. Der einzige wirklich gültige Grundsatz lautet: *Anything goes.*

Sprachphilosophie

Die Sprachphilosophie ist eine eher junge Erscheinung, doch sie tritt sofort mit dem Anspruch auf, die grundlegende Disziplin zu sein. Und damit nicht genug wird die Philosophie als Ganzes sehr schnell von der Sprachphilosophie vereinnahmt und damit verwandelt. Im angelsächsischen Bereich fasst man das unter dem Schlagwort vom *Linguistic Turn* zusammen. Die Philosophie vollzieht eine sprachliche Wende und befasst sich jetzt mit ihrer wichtigsten Voraussetzung, eben der Sprache.

Die klassische Metaphysik schlug sich mit Ideen und abstrakten Entitäten herum, die als etwas unabhängig Existierendes aufgefasst wurden. Die neuzeitliche Erkenntnistheorie machte aus Ideen Bewusstseinsinhalte, sie wurden nicht mehr in einer über der Wirklichkeit stehenden Ideensphäre gesucht, waren aber immer noch etwas „irgendwie" Selbständiges, auch wenn sie als etwas Subjektives schwer greifbar waren. Der sprachphilosophische Ansatz macht aus Bewusstseinsinhalten wieder etwas Objektives, das jetzt ohne metaphysische Zusatzannahmen in Gestalt ausgesprochener oder niedergeschriebener Wörter und Sätze ganz konkret diskutiert werden kann.

Die entscheidende Frage der Sprachphilosophie ist die nach der Bedeutung. Sprachliche Zeichen, egal ob mündlich ausgesprochen oder schriftlich niedergelegt, bedeuten etwas, und ein Hörer oder Leser versteht, was damit gemeint ist. Wie hat man sich die Verbindung der Sprachausdrücke mit dem darin ausgedrückten Inhalt vorzustellen? Was heißt es, wenn Sie verstehen, was ich sage? Erzeugen meine Worte in Ihrem Kopf ähnliche Zustände, wie in meinem?

Eine einfache Vorstellung, die auf John Locke zurückgeht, besagt, dass ich mit einem Begriff eine bestimmte Vorstellung verbinde. Wird dieses Wort ausgesprochen, so erscheint in meiner Vorstellung gewissermaßen ein Bild, das mit diesem Wort verbunden ist. Diese Theorie, dass Bedeutungen Vorstellungen im Bewusstsein sind, wird als Ideationstheorie bezeichnet. Sie löst bei näherer Betrachtung das Problem der Bedeutung aber nicht, sondern wirft nur neue Probleme auf. Sie können sich zwar einen Tisch oder eine Banane bildlich vorstellen, aber was ist mit einem Schluss, einer Idee oder ganz allgemein mit abstrakten Begriffen? Welche Vorstellung erzeugt ein Wort wie Wahrheit oder Gerechtigkeit? Oder Dispozinsen, Gültigkeit, Zustand und so weiter.

Eine andere klassische Bedeutungstheorie ist die sogenannte Referenztheorie. Hier wird die Bedeutung durch hinweisenden Bezug auf die Dinge erklärt. Die Bedeutung eines Wortes ist der damit bezeichnete Gegenstand. Die Wörter funktionieren wie Namenstäfelchen, die Sie den Gegenständen aufkleben könnten. Die Referenztheorie hat gegenüber der Ideationstheorie den Vorteil, dass Bewusstseinsinhalte keine Rolle mehr spielen. Doch diese Theorie orientiert sich völlig an Nomen. Am besten funktioniert sie sogar mit Eigennamen. Aber was ist mit anderen Wortarten? Mit Verben, Konjunktionen oder Artikeln? Hier scheitert jede Theorie, die Sprache als direkte Abbildung von Gegenständen versteht.

Wörter und Laute sind nur Zeichen, mit denen unsere Gedanken übertragen werden. Und viele Inhalte, die wir denken, bestehen nur in Form sprachlicher Laute und Zeichen. Sie existieren nur in Form sprachlicher Gebilde. Die ganze Philosophie selbst existiert nur in der Sprache.

An der Wende zum 20. Jahrhundert finden Sie parallel zur Entstehung der formalen Logik einen radikal neuen Ansatz in der Sprachphilosophie; und es sind die gleichen Denker, die sowohl Logik wie auch Sprachphilosophie revolutionierten. In einer ersten Phase befasste die Philosophie sich vor allem mit der Sprache der Wissenschaften, mit dem Ziel einer objektiven Beschreibung der gesamten Wirklichkeit. Man spricht von einer Philosophie der idealen Sprache, da die Vertreter dieser Theorie sich von den Zufälligkeiten und Mehrdeutigkeiten der tatsächlichen Sprache lösen wollen und dazu die Mittel der neuen formalen Logik nutzen. Die Theorie der idealen Sprache ist eine Weiterentwicklung der Referenztheorie. Die Bedeutung wird jetzt nicht mehr an einzelnen Wörtern, sondern an Sätzen festgemacht. Die Bedeutung eines Satzes ist sein Wahrheitswert, und dieser kann die Werte wahr oder falsch annehmen. Die Sprachphilosophie verschmilzt hier mit der Logik. Hauptvertreter sind Frege, Russell, der junge Wittgenstein und die Philosophen des Wiener Kreises.

Doch die Theorie der idealen Sprache war zwar logisch, die tatsächlichen Sprachen der Menschen konnten mit ihr aber nicht erfasst werden. Deshalb wandten sich viele Philosophen im Gefolge des späten Wittgenstein, der tatsächlichen Sprache zu. Da hier die Alltagssprache im Mittelpunkt steht, nennt man diese Richtung *Ordinary Language Philosophy* oder auf Deutsch: Philosophie der normalen Sprache. Wittgensteins Antwort auf die Frage nach der Bedeutung ist verblüffend einfach. Er sagt, die Bedeutung eines Wortes ist sein Gebrauch. Aus der Art, wie ein Begriff gebraucht wird, ergibt sich, was er bedeutet. Suchen Sie nicht nach tiefsinnigen Definitionen, sondern schauen Sie nach, wie die Menschen einen Begriff verwenden.

Der Gedanke, dass Sprache nicht zur menschlichen Lebens- und Handlungswelt hinzukommt, sondern ein untrennbarer Bestandteil ist, findet in Austins Sprechakttheorie ihren Ausdruck. Sein Grundgedanke besteht darin, dass wir mit

Sprechhandlungen nicht nur etwas benennen, sondern dass wir damit etwas tun. Einen Satz nur daraufhin zu untersuchen, ob er wahr oder falsch ist, greift viel zu kurz. Es gibt Handlungen, die sogar einzig und allein darin bestehen, dass wir etwas aussprechen.

Doch gibt es überhaupt eine Trennung zwischen Sprache und Welt? Gibt es anders gefragt überhaupt eine von der Sprache unabhängige Wirklichkeit? Hier taucht in verwandelter Gestalt die Frage nach einer Wirklichkeit an sich wieder auf. In Quines Holismus ist keine für sich bestehende Definition von Bedeutung mehr möglich, da alle möglichen Beschreibungen aufeinander verweisen und zirkulär sind. Wirklichkeit ist immer schon sprachlich gedeutet.

Am Beispiel eines Forschers, der einen Stamm besucht, von dessen Sprache er nicht ein Wort versteht und für die es noch keinen Dolmetscher gibt, erläutert Quine am Beispiel des *Gavagai* das Problem der Unbestimmtheit jeder Übersetzung. „Gavagai" ruft ein Eingeborener beim Anblick eines vorbeilaufenden kaninchenähnlichen Tieres und Quine zeigt mit diesem Beispiel, dass die Bedeutung von Wörtern sich nicht eindeutig festlegen lässt. Es gibt kein Kriterium, um zu entscheiden, ob er das Tier, einen Teil des Tieres oder einen bestimmten Zustand desselben meinte, und jeder Versuch, das zu bestimmen, setzt schon bestimmte Vorannahmen voraus. Es gibt keine objektiven Begriffe, um so etwas zu entscheiden, da auch Begriffe wie „Bedeutung" oder „Gleichheit" ihre Bedeutung erst innerhalb einer Sprache bekommen müssen. Jede Sprache ist deshalb ein eigenständiges System mit einem unterschiedlichen Begriffsumfang. Übersetzungen können nie etwas anderes sein, als ungefähre Annäherungen.

Philosophie des Geistes

Die Frage nach der Erklärung des menschlichen Geistes und der Seinsweise mentaler Phänomene führte im 20. Jahrhundert zur Entstehung der Philosophie des Geistes als eigenständiger philosophischer Disziplin. Angetrieben wurde die Diskussion nicht zuletzt von den Entdeckungen der neurophysiologischen Gehirnforschung. Kein Philosoph bezweifelt heute, dass alle mentalen Phänomene wie Gedanken, Wahrnehmungen, Gefühle, Erinnerungen oder Wünsche ihre physische Grundlage im Gehirn und seinen Nervenzellen haben. Der Geist ist keine eigenständige Substanz neben der körperlichen Welt, wie Descartes dies in seinem Substanz-Dualismus behauptete, sondern es gibt nur eine einzige Substanz: die Materie. Deshalb sind alle modernen Ansätze in der Philosophie des Geistes monistisch. Das Wirkliche ist die körperliche, materielle Welt, die mentalen Phänomene müssen in ihr begründet liegen. Alle mentalen Phänomene müssen also mit physischen Ereignissen identisch sein, oder zumindest von ihnen verursacht werden.

Doch dies ist keine Einbahnstraße. Unsere alltägliche Erfahrung zeigt, dass mentale Akte wie Pläne, Wünsche oder Absichten auch ihrerseits zur Ursache von Ereignissen in der physischen Welt werden. Ein handelndes und denkendes Wesen nimmt sich selbst als ein Ich, als eine Person mit Bewusstsein war. Wie ist ein solches Selbstbewusstsein zu denken? Wie kommt die Identität einer Person zustande? Es geht hier um die Frage, was eigentlich das Bewusstsein ist, und wie und auf welche Weise geistige Akte und Vorstellungen Wirkungen in der tatsächlichen Welt entfalten können. Nur wenn dies möglich ist, kann es auch so etwas wie einen freien Willen geben.

In welchem Verhältnis stehen Körper und Geist, Gehirn und Bewusstsein zueinander und welche Beziehung besteht zwischen physischen und mentalen Phänomenen? Das Ich oder das Selbstbewusstsein mag untrennbar mit meinem Gehirn verbunden sein, dennoch ist es für mich etwas absolut Eigenständiges. Mein Bewusstsein ist nicht nur das Allerwichtigste, das ich habe, ich bin es selbst.

Die meisten Ansätze in der Philosophie des Geistes versuchten die mentalen Phänomene dadurch zu erklären, dass sie sie auf physische Ereignisse zurückführten, in der Hoffnung das Problem damit verschwinden zu lassen. Auf der anderen Seite gab es immer Philosophen, die die Eigenständigkeit des Geistes behaupten. Eine Anknüpfung dafür bieten die sogenannten Qualia, worunter man den subjektiven Erlebnisgehalt eines mentalen Phänomens versteht. Der Philosoph Thomas Nagel brachte dies auf die griffige Formulierung: wie es ist, etwas zu sein oder zu erleben. Denken Sie an das Rot eines Sonnenuntergangs, den Geschmack einer Orange oder das Gefühl von Freude über ein gelungenes Geschenk. Sicher lassen sich all diese Empfindungen auf Nervenreize zurückführen, das Erlebnis der Empfindung selbst ist jedoch noch etwas anderes. Es geht darum, wie sich etwas anfühlt und es geht um jene spezielle Ich-Empfindung, von der alle mentalen Prozesse geprägt sind.

Eine der mächtigsten monistischen Theorien war der Philosophische Behaviorismus, der seit den fünfziger Jahren in verschiedenen Ausgestaltungen vertreten wurde. Der besondere Vorteil dieser Theorie besteht darin, dass er in seinen Erklärungen ohne jeden Bezug auf metaphysische oder geistige Vorannahmen auskommt. Nach ihm gibt es nur das Physische. Der Behaviorismus schränkt seinen Untersuchungsgegenstand einzig und allein auf das beobachtbare Verhalten ein. Innenansichten oder Selbstbeobachtungen spielen keine Rolle. Der Geist wird als eine Black Box behandelt. An die Stelle des Psychischen oder Mentalen tritt das beobachtbare Verhalten. Was im Geist geschieht, ist nicht beobachtbar. Es ist sinnlos, davon überhaupt zu sprechen. Mentale Akte lösen sich in Dispositionen zu Handlungen auf. Wenn jemand Schmerzen hat, dann zeigt er ein bestimmtes Schmerzverhalten, wenn jemand behauptet, Durst zu haben, dann ist das nichts anderes als eine Disposition zu trinken. Der Behaviorismus löst das Problem des Mentalen, indem er es streicht. Wir erhalten eine lückenlos beschreibbare Welt, in der nur noch Handlungen und Verhaltensdispositionen auftauchen. Doch die Theorie kann zwar vielleicht einige mentale Phänomene auf physische Ereignisse reduzieren, sie kann aber mindestens ebenso viele nicht erfassen.

Als Antwort auf die Schwierigkeiten des Behaviorismus entstand die Identitätstheorie. Ihr Begründer, der australische Philosoph J. J. C. Smart (1920-2012), versucht nicht mehr, mentale Akte aus der Theorie zu beseitigen, sondern er vertritt die These, dass alle mentalen Zustände mit physischen Gehirnzuständen identisch sind. Der Unterschied liegt allein in der Beschreibung. Gleiche Gedanken gehen mit gleichen körperlichen Vorgängen einher. Jeder mentale Zustand ist auf diese Weise identisch mit einem physischen Zustand. Das Erlebnis von Schmerzen ist identisch mit einem Nervenreiz. Doch es taucht ein neues Problem auf. Wenn nämlich grundsätzlich Gehirnaktivitäten mit Gefühlen und anderen mentalen Akten identisch sind, dann stellt sich die Frage, welcher Gehirnzustand ist mit welchem geistigen Zustand identisch? Und mit dem Nachweis, dass neuronale Reize nicht notwendig mit den gleichen mentalen Ereignissen verbunden sind, wurde der Theorie der Boden entzogen.

Die Antwort auf dieses Problem ist der Funktionalismus, den man als eine modifizierte Identitätstheorie verstehen kann. Seine Hauptvertreter sind die amerikanischen Philosophen Hilary Putnam (geb. 1926) und Jerry Fodor (geb. 1935). Hier wird zugestanden, dass mentale Ereignisse auf verschiedene Art und Weise realisiert werden können. Darauf kommt es aber gar nicht mehr an, sondern nur auf die Funktion. Der

Funktionalismus orientiert sich an der Informatik. Der Geist funktioniert in diesem Verständnis wie ein Computer. Oder anders gesagt: Geist und Körper verhalten sich zueinander wie Software und Hardware. Mentale Zustände haben eine bestimmte kausale Rolle in einem System. Ein Schmerz ist demnach kein inneres Empfinden, sondern Schmerzen registrieren eine den Organismus schädigende Wirkung von außen, mit der Folge, dass man zum Beispiel die Hand von der Herdplatte nimmt.

Entsprechend seiner kybernetischen Auffassung des Geistes orientiert sich der Funktionalismus an den Kategorien von Input und Output. Im Grunde ist der Geist nur ein besonders gut entwickelter Computer. Konsequenterweise stellt der Funktionalismus die Frage, ab wann man einem Computer Bewusstsein zusprechen muss, und er begeistert sich für die Forschungen zur künstlichen Intelligenz.

Der amerikanische Philosoph John Searle (geb. 1932) konfrontierte den Funktionalismus mit seinem Gedankenexperiment vom Chinesischen Zimmer. Stellen Sie sich einen Menschen vor, der in einem geschlossenen Raum ohne Fenster sitzt und durch einen Schlitz in der Wand chinesische Schriftzeichen gereicht bekommt. Da er kein Wort Chinesisch spricht und auch die Bedeutung der Zeichen nicht kennt, schaut er nur in einer Tabelle nach und reicht anschließend ein anderes Schriftzeichen nach außen. Die Menschen verstehen das nach außen gereichte Zeichen als Antwort auf die Frage, die sie vorher nach innen gegeben haben, und bekommen den Eindruck, sie würden mit dem Insassen auf Chinesisch kommunizieren. Die Person im Inneren hat aber in Wahrheit keine Ahnung von dem, was sie eigentlich tut. Und genauso wenig wie der Insasse des Zimmers chinesisch versteht, genauso wenig denkt ein Computer. Der Funktionalismus kann das aber nicht unterscheiden. Er interpretiert sinnvolle mentale Akte, wo nur ein Programm Optionen und Reaktionen ausführt. Der Funktionalismus kann also das Phänomen des Geistes ebenfalls nicht befriedigend erklären.

Der Eliminative Materialismus, wie ihn zum Beispiel Daniel Dennett (geb. 1942) oder Paul Churchland (geb. 1942) vertreten, versucht das Problem des Geistes verschwinden zu lassen, indem er das subjektive Bewusstsein als Illusion enthüllt. Das Gehirn und mit ihm alle mentalen Reaktionen sind ein Ergebnis der Evolution. Es gibt im Gehirn gar keine zentrale Instanz, die einem Bewusstseinsstrom entsprechen würde, sondern viele Regionen des Gehirns arbeiten parallel an Reizverarbeitungen auf der Basis erworbener Reaktionen und gespeicherter Erinnerungseinheiten. Das Bewusstsein ist gar nicht kontinuierlich, sondern sprunghaft und voller Lücken. Das Ich ist eine Fiktion, die man sich allenfalls bildhaft als einen Club verschiedener Personen vorstellen kann. Unsere Identität ist ein Konstrukt aus narrativen Fremd- und Selbstbeschreibungen.

Eine Gegenposition vertritt der australische Philosoph David Chalmers (geb. 1966), der einen sogenannten Eigenschaftsdualismus vertritt, bei dem es zwar nur eine materielle Substanz gibt, nämlich das Gehirn, das der physische Träger aller geistigen Zustände ist. Zugleich besitzen diese mentalen Akte aber auch nichtphysische Eigenschaften, die sich nicht auf physische Prozesse reduzieren lassen. Auf mentaler Ebene entsteht etwas Neues, das sich nicht kausal reduzieren lässt, und eben dies sind die subjektiven Erlebnisgehalte, die Qualia. In eine ähnliche Richtung zielt der amerikanische Philosoph Donald Davidson (1917-2003) mit seiner Theorie des Anomalen Monismus, der physische und mentale Ereignisse auf zwei unterschiedlichen Beschreibungsebenen sieht, die nicht aufeinander rückführbar sind. Man bezeichnet ein solches Verhältnis nicht kausaler Abhängigkeiten als Supervenienz.

Trotz aller Erkenntnisse und immer komplexer werdender Argumentationen ist die Frage nach dem Seinscharakter des

Bewusstseins nicht wirklich beantwortet. Man kann fast den Eindruck gewinnen, dass die Diskussion auf der Stelle tritt. Reduktionistische Positionen stehen nicht-reduktionistischen gegenüber. Wahrscheinlich muss man Thomas Nagel (geb. 1937) Recht geben, der das Bewusstsein oder das Ich als einen blinden Fleck in der Welterklärung bezeichnet, denn das Ich gibt es nur in einer Innenperspektive. In der objektiven kausal erklärenden Perspektive der Wissenschaften kann es nicht vorkommen und jeder Versuch, es objektiv fassen zu wollen, ist zum Scheitern verurteilt. Denn wir können nicht restlos neben uns treten.

Ethik

Mit der Ethik betreten Sie den Bereich des Sollens. Geht es in der Theoretischen Philosophie darum, das Wahre zu erkennen, die Welt so, wie sie wirklich ist, so fragt die Praktische Philosophie danach, was sein soll. In der Ethik geht es um das Richtige, und dieses Richtige ist das Gute. Das Gute kann nicht nur für Sie oder für mich gut sein, es muss für uns alle das Gute sein. Auch bei den Sätzen der Moral gilt also, dass sie allgemeingültig sein müssen.

Die Ethik untersucht das moralische Handeln von Menschen und ihre Normensysteme. Das kann einmal rein empirisch geschehen, indem einfach beschrieben wird, wie Menschen handeln und welche Normen sie vertreten. Das kann aber auch mit dem Ziel geschehen, die richtigen Normen zu finden. Dementsprechend unterscheidet man die deskriptive von der normativen Ethik. Die deskriptive Ethik fragt danach, welche Moralsysteme zu bestimmten Zeiten an bestimmten Orten bestehen, und beschreibt sie. Ihr bevorzugtes Forschungsgebiet sind vergangene Epochen oder fremde Kulturen. Die deskriptive Ethik beschreibt Normensysteme, ohne irgendwelche Wertungen vorzunehmen oder selbst normative Aussagen zu formulieren. Die normative Ethik sucht das moralisch Gebotene und fragt danach, wie es zu begründen ist. Wenn jemand nur von Ethik spricht, so meint er in aller Regel die normative Ethik.

Als dritte Variante kommt noch die Metaethik hinzu. Hier werden nicht moralische Normen behandelt, sondern hier werden die ethischen Begriffe und Argumentationen selbst zum Thema. Die Metaethik fragt zum Beispiel danach, was Begriffe wie „gut" überhaupt bedeuten. Sie vertritt kein bestimmtes Normensystem, sondern sie fragt nach der Bedeutung ethischer Begriffe und welchen Status solche Begriffe haben. Hier wird also das begriffliche Instrumentarium der Ethik selbst zum Thema.

Die grundsätzliche Frage der normativen Ethik lautet: Was soll ich tun? Es geht also darum, das allgemein Richtige zu finden. Und allgemeingültig ist es, weil es für alle Menschen gilt. In der Philosophie unterscheidet man drei Grundmodelle normativer Ethik: die Tugendethik, die deontologische und die teleologische Ethik. Auf diese drei Modelle lassen sich alle ethischen Theorien zurückführen. Die Tugendethik setzt beim Handelnden und seiner Motivation an, es kommt nach diesem Verständnis darauf an, dass ein Mensch so beschaffen ist, dass er im entscheidenden Moment das Richtige tut. Für den Deontologen steht die Handlung als solche im Mittelpunkt. Er ist daran interessiert, Gebote und Verbote für Handlungen aufzustellen, wobei diese Gebote für alle Menschen gelten müssen. Der Teleologe schaut in erster Linie auf die Folgen der Handlung und wird unter Umständen je nach den Ergebnissen abwägen.

Bei einer Tugendethik liegt, wie der Name schon sagt, das Hauptgewicht auf den Tugenden des Handelnden. Die Ethik orientiert sich damit in erster Linie am handelnden Menschen und an seiner Motivation beziehungsweise an seinem Charakter. Gutes Handeln ist von einem guten Menschen zu erwarten. Der Tugendethiker wird seinen Schwerpunkt darauf setzen, Menschen so zu erziehen, dass sie das Richtige tun, wenn es darauf ankommt. Und wer das Gute tut, der befindet sich mit sich und seiner Welt im Einklang. Die klassischen Beispiele für Tugendethiken finden Sie in der Antike, am ausführlichsten bei Aristoteles. Doch in jüngerer Zeit wurde dieses Modell im Kommunitarismus wiederbelebt, zum Beispiel bei Alasdair MacIntyre (geb. 1929). Die Moral soll sich wieder am Begriff des Gutes orientieren und in der sozialen Praxis der Gemeinschaft verankert werden. Dahinter steht die Ansicht, dass eine formale und kulturunabhängige Moral nicht funktionieren kann.

Sowohl die deontologische wie auch die teleologische Ethik sind Erzeugnisse der Neuzeit. Beide wollen Normen aufstellen, die universell und unabhängig von Personen und materiellen Gütern sind. Es geht hier um das richtige Handeln und nicht um das gute Sein, wie bei der Tugendethik.

Der Grundgedanke jeder deontologischen Ethik besteht darin, dass man sich überlegen soll, wie es denn wäre, wenn jeder so handeln würde. Dieser Gedanke wird traditionell in vielen Kulturen durch die sogenannte Goldene Regel ausgedrückt: Behandle andere so, wie du von ihnen behandelt werden willst. Deontologische Ethiken neigen dazu, Kataloge von Geboten und Verboten aufzustellen. Lügen oder Stehlen zum Beispiel ist verboten, ganz egal aus welchen Motiven und mit welchen Absichten es erfolgt. Solche Verbote gelten für jedermann. Sie müssen von Ihrer Person und Ihren besonderen Umständen abstrahieren, um auf die Ebene der Allgemeingültigkeit zu gelangen. Die Normen, nach denen Sie handeln, müssen verallgemeinerbar sein. Bei der Suche nach einem Vertreter der deontologischen Ethik werden Sie sehr schnell bei Immanuel Kant landen, denn er ist der mit Abstand wichtigste Vertreter.

Eine wirklich moralische Handlung muss nach Kant um ihrer selbst willen getan werden und aus keinem anderen Grund. Er geht sogar so weit, eine Handlung, die als solche zwar moralisch erscheint, als nicht moralisch zu bezeichnen, wenn sie aus einem eigennützigen Motiv erfolgt. Denn wann immer eine moralische Handlung von Bedingungen abhängig gemacht wird, ist sie gar keine moralische Handlung. Sie müssen die Handlung bedingungslos wollen, einfach weil sie geboten ist. Aber was bleibt von einem Gesetz übrig, wenn Sie von allen Umständen und Folgen, wenn Sie von konkreten Personen und Wünschen abstrahieren? Es bleibt die Gesetzmäßigkeit als solche übrig. Moralische Normen müssen objektiv für jedermann gelten, und eben darin besteht die Gesetzmäßigkeit. Es ist das Prinzip der Allgemeinverbindlichkeit als solches, das den einzigen Inhalt des Gesetzes ausmacht. Da von allen Inhalten abstrahiert wurde, bleibt allein die Form übrig. Kant nennt diese Regel den kategorischen Imperativ.

Der kategorische Imperativ drückt das Sollen als solches aus. Handle so, auch wenn du anders handeln willst. Kant beansprucht aber nicht für sich, er hätte jetzt endlich das Gesetz der Moral gefunden, sondern er sagt vielmehr, dass die Menschen schon immer diesem Gesetz folgten, da es schon immer wirksam war. Seine Leistung besteht nur darin, dass er die Zusammenhänge mit letzter Deutlichkeit herausgearbeitet hat. Es ist also kein übernatürliches Gesetz, sondern ein selbstgegebenes, dem Sie folgen sollen. Kant sagt, dass der kategorische Imperativ der Vernunft entspringt, ja dass unsere Vernunft als praktische Vernunft mit dem kategorischen Imperativ identisch ist.

Eine bedeutende Leistung der kantischen Ethik besteht darin, dass sie eine tragfähige Grundlage für das Prinzip der Menschenwürde bietet, denn für Kant wurzelt der Begriff der Person in der Möglichkeit des moralischen Handelns. Jeder Mensch ist Person, und als solche hat er eine Würde und keinen Preis. Daraus folgt, dass man Menschen niemals bloß benutzen oder instrumentalisieren darf.

Eine moderne Form deontologischer Ethik ist die Diskursethik von Jürgen Habermas. Hier liegt der Schwerpunkt auf der Normfindung. Bei Kant wird sie als kategorischer Imperativ gefasst, bei Habermas wird sie als herrschaftsfreier Diskurs zum Zentrum der Diskussion. Alle Normen stehen auch hier unter dem Vorbehalt ihrer Universalisierbarkeit.

Die teleologische Ethik tritt fast ausschließlich in der Gestalt des Utilitarismus auf, der ebenfalls universalistisch ist. Eine teleologische Ethik beurteilt Handlungen nach ihren Folgen bzw. Konsequenzen, es gibt deshalb auch die Bezeichnung Konsequentialismus, die vielleicht treffender wäre, die sich aber nie allgemein durchgesetzt hat. Das Grundprinzip des Utilitarismus lautet demnach: Führe diejenige Handlung aus, durch die eine größtmögliche Summe an Nutzen für alle Betroffenen erreicht wird. Der Nutzen wird also nicht auf das Handlungssubjekt beschränkt, wie dies bei einem simplen Hedonismus der Fall wäre, sondern bei der Nutzenabwägung werden die Interessen der anderen Menschen mit berücksichtigt. Auch beim Utilitarismus steht also das Prinzip der Universalisierung an oberster Stelle.

Aber was heißt Nutzen? Bereits sehr früh wurde Nutzen als Glück definiert: Es geht um das größte Glück der größten Zahl. Da der Begriff des Glücks jedoch sehr vage ist, wurde es als eine Bilanz aus Lust und Unlust verstanden. Das Ziel einer Handlung im Utilitarismus muss es also sein, die Differenz zwischen allen Lust- und Unlusterlebnissen möglichst zu Gunsten der Lust zu erhöhen.

Der eigentliche Gründer des Utilitarismus war Jeremy Bentham. Der wichtigste Vertreter war sein Schüler John Stuart Mill, der die einfache Lust-Unlust-Kalkulation erweiterte, indem er einen qualitativen Glücksbegriff einführte. Es gibt demnach Lusterlebnisse, die höherwertig sind als andere.

Mill drückte das mit der einprägsamen Formulierung aus: Lieber ein unglücklicher Sokrates als ein glückliches Schwein.

Handlungen werden im Utilitarismus durch ihre Folgen gerechtfertigt. Das moralische Ziel besteht darin, dass durch Ihre Handlung mehr gute als schlechte Folgen entstehen, und zwar idealerweise unter Berücksichtigung aller Menschen, denn es geht immer um die Gesamtsumme. Aber wie sollen Sie dann überhaupt noch handeln? Wie kann jemand die Folgen seiner Handlung in diesem umfassenden Rahmen abschätzen? Hier gerät man sehr rasch in die Abhängigkeit von Expertenschätzungen.

Genau an dieser Problematik spaltet sich der Utilitarismus in zwei Hauptrichtungen, in den Handlungs-Utilitarismus und den Regel-Utilitarismus. Der Handlungs-Utilitarist nimmt seine Folgenabschätzung bei jeder einzelnen Handlung vor, der Regel-Utilitarismus hält dies für nicht praktikabel und unterwirft nur allgemeine Regeln einer entsprechenden Prüfung, die dann, einmal akzeptiert, als allgemeingültige Normen angewendet werden können.

Peter Singer (geb. 1946) bereichert den Utilitarismus um die Richtung des Präferenz-Utilitarismus. Für ihn ist das einfache Modell der Maximierung von Lust und Minimierung von Leid unzureichend und zu statisch. Sie dürfen bei der Abwägung von Lust und Unlust nicht nur die aktuellen Empfindungen einfließen lassen, sondern müssen auch Erwartungen und Pläne berücksichtigen, eben die Präferenzen der betroffenen Individuen. Auf diese Weise müssten Sie bei der Frage, ob Sie in einem Konfliktfall wo Sie nur eine Person retten können, eine junge Studentin oder einen alten Rentner, die noch möglichen Lusterlebnisse in Ihre Überlegung einbeziehen und deshalb die junge Frau retten, die viel mehr potentielle Erlebnisse vor sich hat.

An solchen Konfliktfällen lassen sich am ehesten die Unterschiede zwischen ethischen Theorien herausarbeiten. Ein inzwischen klassisch gewordenes Beispiel ist die Frage, wie man als Verantwortlicher entscheiden soll, wenn ein von Terroristen entführtes Flugzeug über einem vollbesetzten Stadion zum Absturz gebracht werden soll. Ein Utilitarist würde wahrscheinlich die 200 Menschen im Flugzeug gegen die 20.000 Menschen im Stadion abwägen und das Flugzeug vorher abschießen. Ein Kantianer würde vermutlich darauf beharren, dass jeder Mensch einen absoluten Wert hat und Menschen nicht gegeneinander aufgerechnet werden können. Für ihn wäre der Abschuss des Flugzeugs deshalb verboten.

Genau an der Frage, wie sehr ein Einzelner gegenüber einer großen Menge zählt, liegt der entscheidende Knackpunkt zwischen Kant und dem Utilitarismus, denn für einen Utilitaristen ist es unter Umständen nicht nur erlaubt, sondern sogar geboten, einen Einzelnen für das Gemeinwohl zu opfern.

Angewandte Ethik

Die allgemeine Ethik bewegt sich zum größten Teil auf abstraktem Gebiet, hier werden Normen formuliert und gerechtfertigt und vielleicht noch mit passenden Beispielen veranschaulicht. Die unbequemen Konflikte des tatsächlichen Lebens werden oft gar nicht berührt. Genau mit diesen ganz konkreten Konfliktfragen befasst sich die Angewandte Ethik. Sie hat es mit bestimmten Handlungsbereichen und den dort auftretenden Problemen zu tun. Häufig werden Sie in der Angewandten Ethik moralische Dilemmata finden, die Abwägung zwischen zwei Übeln oder zwischen zwei Gütern, die nicht zugleich bestehen können.

Das wichtigste und umstrittenste Gebiet der Angewandten Ethik ist heute die medizinische Ethik. Die Möglichkeiten der modernen Medizin stellen Menschen oft vor Entscheidungen, die in früheren Zeiten weder nötig noch möglich waren. Denken Sie zum Beispiel an die Möglichkeiten der Lebensverlängerung und die daraus entstehenden Konflikte. Die Grenze zwischen Leben und Tod hat sich deutlich verschoben. Wir können heute jemanden am Leben halten, der ohne unterstützende Apparate längst tot wäre. Wann darf und wann soll eine solche Maschine abgeschaltet werden? Und wann wäre außer einer solchen passiven auch eine aktive Sterbehilfe gerechtfertigt oder vielleicht sogar geboten? Gerade in Deutschland führen solche Diskussionen wegen der Euthanasie-Politik der Nationalsozialisten meist schnell zu einer sehr emotionalen Auseinandersetzung.

Nicht weniger umstritten ist die Grenze am Beginn der Menschwerdung. Ab wie vielen Monaten soll alles unternommen werden, um Frühgeburten am Leben zu halten? Bis wann und unter welchen Bedingungen sollen Abtreibungen erlaubt sein? Hier hat Peter Singer seinen provokanten Standpunkt eingebracht, dass Föten und Neugeborene keine selbstbewussten Wesen sind, und ihre Tötung zum Zweck der Leidensvermeidung bei sehr schweren Behinderungen auch nach der Geburt erlaubt sein müsse.

Ein weiteres umstrittenes Gebiet der Medizinethik ist die Präimplantationsdiagnostik und die Konsequenzen, die aus ihren Ergebnissen gezogen werden können, bis hin zur Selektion gewünschter Eigenschaften. Ein grundsätzliches Problem besteht darin, dass die medizinische Forschung ihre Fortschritte oft schneller macht, als die ethische Reflexion folgen kann. Was heute als Science-Fiction gilt, kann morgen vielleicht schon realisiert werden. Umgekehrt stellt man oft genug fest, dass befürchtete Grenzüberschreitungen in der Praxis gar kein Problem darstellen. Denken Sie nur an die vor Jahrzehnten kontrovers diskutierte Befruchtung im Reagenzglas, die heute medizinischer Alltag ist. Die Standpunkte, die bei solchen Konflikten eingenommen werden, beruhen immer auf den Grundlagen der allgemeinen normativen Ethik, die damit jederzeit vorausgesetzt wird.

Ein weiteres großes Feld ist die Umweltethik oder ökologische Ethik. Hier geht es um den Umgang mit der Natur, wobei bei den meisten Philosophen die moralische Begründung aus der Perspektive des Menschen erfolgt, wenn es auch weniger der Einzelne ist, als die Menschheit als Ganzes. Wie weit sind wir verpflichtet, Ressourcen zu schonen, um späteren Generationen etwas übrig zu lassen? Danach fragt zum Beispiel Hans Jonas (1903-1993) in seinem Buch *Das Prinzip Verantwortung*, wobei es hier bei der Berücksichtigung zukünftiger Generationen vor allem darum geht, den Menschen der Zukunft die Entscheidungsfreiheit über ihre Lebensumstände zu überlassen und sie nicht vor vollendete Tatsachen zu stellen.

Ein Unterbereich der Umweltethik, der immer wieder in der öffentlichen Diskussion auftaucht, ist die Tierethik. Hier geht es um die Frage, was in unserem Umgang mit Tieren erlaubt sein kann und wo der Mensch Grenzen überschreitet. Im Mittelpunkt steht das Thema der artgerechten Tierhaltung und wie sie zu definieren ist. Einige Philosophen gehen so weit, von Tierrechten analog zu Menschenrechten zu sprechen, oder wie Peter Singer, manchen Tieren, speziell Menschenaffen, den Status von Personen zuzugestehen. Mit solchen Überlegungen gerät die einst so sicher geglaubte Grenze zwischen Mensch und Tier ins Fließen.

Ein relativ neues Feld ist die Philosophie der Technik, die weniger das Abschätzen von Technikfolgen als die Einordnung der Technik als solcher leisten will. Vor allem seit der Industrialisierung ist die Menschheit in ein Stadium der Weltgestaltung und Weltumgestaltung getreten, die alles Vorherige weit übertrifft. Zum einen stellt sich die Frage, ob bestimmte Techniken zu gefährlich sind, etwa die Kerntechnologie, die auch in ihrer zivilen Nutzung Katastrophen wie die von Tschernobyl und Fukushima ermöglichte. Zum anderen ist zu fragen, wie die

Technik die Menschheit selbst und den einzelnen Menschen verändert. Verschmelzen wir vielleicht irgendwann untrennbar mit Maschinen, die dann nicht mehr so heißen werden? Technik ergänzt und verstärkt die Fähigkeiten des Menschen. Unter Umständen ersetzt sie sie auch oder ersetzt gar den ganzen Menschen. Das Verhältnis von Zweck und Mittel kann sich umkehren. Ganz neu stellt sich hier auch die Frage nach neuen Informationstechniken und wie das Internet uns und unser Zusammenleben verändert. Jede Chance ist immer auch eine Gefahr, die Philosophie sollte dazu beitragen, dass immer beides im Blick bleibt.

Politische Philosophie

Die Politische Philosophie, manchmal auch als Staatsphilosophie bezeichnet, befasst sich mit den Regeln der menschlichen Gemeinschaft und des Zusammenlebens, vor allem mit der Legitimation und den Formen staatlicher Herrschaft. Im Mittelpunkt steht dabei die Idee der Gerechtigkeit.

Jede Politische Philosophie baut auf einem bestimmten Bild des Menschen auf. Plakativ gesprochen steht hier die Frage im Hintergrund, ob der Mensch von Natur aus ein geselliges Wesen ist, wie das zum Beispiel Aristoteles mit seiner Definition des Menschen als *Zoon politikon* zum Ausdruck brachte, oder ob der Schutz des Menschen vor seinesgleichen am Anfang stehen sollte, wie Thomas Hobbes behauptet, der den Menschen als Wolf des Menschen bezeichnete: *Homo homini lupus*.

War im mittelalterlichen Naturrechtsdenken die Ordnung der Gemeinschaft etwas Vorgegebenes, so wurde mit Beginn der Neuzeit die Selbsterhaltung jedes Einzelnen zur Basis der Politischen Philosophie, wobei alle jetzt Menschen als gleich behandelt werden. Dieses Moment der Gleichheit aller Menschen ist also eine neuzeitliche Entwicklung. An die Stelle einer Begründung durch ein objektives göttliches oder natürliches Gesetz tritt eine subjektive Perspektive. Aus diesen Prämissen ergibt sich, dass die Legitimation des Staates als Vertrag gedacht wird.

Bei Hobbes gibt es im Naturzustand noch keine Normen, sondern nur individuelle Interessen, mit dem Vertrag zur Gründung des Staates wird das Recht allererst geboren. Bei Locke existieren bereits im Naturzustand angeborene und unveräußerliche Menschenrechte, die auch im Staat ihre Gültigkeit behalten. Bei Rousseau schließlich erscheint der Naturzustand als eine Art verlorenes Paradies der Unschuld, der Gesellschaftsvertrag soll einen Staat begründen, der ein ähnlich authentisches Leben ermöglicht.

In der antiken und vormodernen Philosophie war der gute Herrscher der Schlüssel zum gelungenen Staat, denn er würde gute Gesetze erlassen. Deshalb war die Erziehung des Herrschers von zentraler Bedeutung. Im modernen Staatsverständnis auf der Basis der neuzeitlichen Vertragstheorie rücken die Gesetze und politischen Verfahren in den Mittelpunkt. Der Charakter des Herrschers soll keine Rolle mehr spielen, sondern die Verfahren der Gesetzgebung und der Aufbau der Staatsorgane sind das Entscheidende. Es geht jetzt darum, dem Staat eine Verfassung zu geben, die möglichst unabhängig von den handelnden Personen ist. Kant brachte dies auf die griffige Formel, dass eine Staatsverfassung idealerweise so beschaffen sein sollte, dass sie auch bei einem Volk von Teufeln noch funktionieren würde.

Neben der Postulierung grundlegender Rechtsprinzipien ergänzt das Prinzip der Gewaltenteilung die Staatsverfassung. Die Gewaltenteilung wird bei Locke zum ersten Mal entworfen und einige Jahre später von dem französischen Staatsphilosophen Charles de Montesquieu in ihre bis heute geltende klassische Form gebracht, indem er die gesetzgebende und die ausführende Gewalt um eine unabhängige richterliche Gewalt ergänzt. Montesquieu sieht sehr klar, dass dies zu einer gegenseitigen Hemmung der einzelnen Gewalten führen kann. Er nimmt das aber in Kauf und spricht sogar von Ketten, mit denen die Gewalten aneinander gebunden werden, wodurch sie zu langsamem Voranschreiten gezwungen sind. Die begrenzten Befugnisse und die gegenseitige Kontrolle sind notwendig, um Machtmissbrauch zu verhindern.

Ein wesentliches Thema der politischen Philosophie ist die Legitimation von Herrschaft oder von Souveränität, wie der moderne Begriff lautet. Herrschaft kann im Prinzip auf dreierlei Arten begründet werden. Erstens durch Tradition, wenn besondere Familien oder die Mitglieder einer bestimmten Gruppe herrschen, weil dies ihre naturgegebene Bestimmung ist oder weil sie von Gott eingesetzt wurden. Diese Art von Herrschaft bestand während des größten Teils der Menschheitsgeschichte auf allen Kontinenten, angefangen bei den vergöttlichten Pharaonen bis zum Gottesgnadentum absolutistischer Erbmonarchien. Sie setzt jedoch den Glauben der beherrschten Untertanen voraus. Sonst bleibt als zweite Begründung die Gewalt, die mit dem Mittel der Angst herrscht, was sie zur instabilsten Herrschaftsform macht. Tyrannen und Diktatoren herrschen meist nur Jahrzehnte, nicht Jahrhunderte.

Die dritte und typisch moderne Legitimation der Herrschaft leitet sich von der Zustimmung der Beherrschten ab. Es ist das Prinzip der Volkssouveränität, das implizit in der Vertragstheorie enthalten ist. Die Gesetze eines Staates entsprechen demnach dem Willen der Bürger. Ein legitimer Staat muss deshalb demokratisch sein. Die Prinzipien der Demokratie und des Rechts- und Verfassungsstaates sind meist gemeinsam verwirklicht. Das ist jedoch nicht zwangsläufig so. Eine Regierung kann demokratisch gewählt sein und dennoch gegen einzelne Bürger oder Bevölkerungsgruppen als Unrechtsstaat auftreten. Deshalb muss nicht nur der Aufbau der Staatsorgane, sondern auch die Verwirklichung der Demokratie durch Verfahren, wie freie und geheime Wahlen oder feste Wahlperioden, geregelt werden.

Das Thema der Gerechtigkeit wird heute meist als soziale Gerechtigkeit verhandelt. Gerechtigkeit hat Unparteilichkeit zur Voraussetzung, deshalb wird die Gerechtigkeit traditionell mit verbundenen Augen dargestellt. Ohne Ansehen der Person soll Gerechtigkeit geübt werden, sei es vor Gericht, oder sei es bei der Frage nach der Zuteilung materieller Güter, die im Mittelpunkt der sozialen Gerechtigkeit steht. Meist ist es so, dass die Frage nach der Gerechtigkeit von denjenigen aufgeworfen wird, die sich ungerecht behandelt fühlen. Man bezeichnet einen Zustand oder ein Gesetz als ungerecht, wenn man sich selbst davon benachteiligt fühlt.

Den einflussreichsten Vorschlag zur Verwirklichung der Gerechtigkeit in unserer Gegenwart legte John Rawls (1921-2002) in seinem Buch *Theorie der Gerechtigkeit* vor. Rawls unternahm als erster seit vielen Jahren wieder den Versuch, objektive Maßstäbe für eine gerechte Gesellschaft zu entwerfen, die auch unter den Bedingungen des Pluralismus und der ökonomischen und kulturellen Vielgestaltigkeit moderner Gesellschaften funktionieren können. Er bestimmt Gerechtigkeit als Fairness, was vor allem die soziale Gerechtigkeit definiert. Die Regeln, die in einer gerechten und fairen Gesellschaft gelten, müssen so beschaffen sein, dass alle vernünftigen Mitglieder sie befürworten können, das heißt, es müssen die Interessen aller einbezogen werden. Nur dann kann die Gesellschaft zum gegenseitigen Vorteil funktionieren.

Um dies zu gewährleisten, knüpft Rawls an die Vertragstheorien der Neuzeit an und entwirft das Gedankenexperiment eines fiktiven Urzustands, in dem alle Mitglieder einer Gesellschaft über die Gesetze und sozialen Bedingungen dieses Gemeinwesens entscheiden können. Damit eine unparteiische

Entscheidung möglich ist, verlangt Rawls einen Schleier des Nichtwissens. Die Teilnehmer sollen die Regeln einer Gesellschaft entwerfen, ohne zu wissen, welchen Platz sie selbst hinterher in dieser Gesellschaft einnehmen werden. Auf diese Weise soll gewährleistet werden, dass auch der letzte Platz akzeptabel und menschenwürdig gestaltet sein muss. Außer allgemeinen und gleichen Grundrechten verlangt Rawls, dass öffentliche Posten prinzipiell für jeden zugänglich sein müssen, und dass wirtschaftliche Ungleichheiten so beschaffen sein müssen, dass die zu jedermanns Vorteil dienen müssen, auch und gerade zum Vorteil der Armen.

Rawls löste damit eine bis heute andauernde Diskussion aus, sei es, dass ihm von neoliberalen Denkern wie Robert Nozick, der für einen Minimalstaat eintritt, widersprochen wurde, sei es, dass ihm eine zu individualistische Sichtweise vorgeworfen wurde, wie von den Kommunitaristen. Der Kommunitarismus ist eine vor allem in den USA vertretene modernitätskritische Richtung, die die Krisen der Gegenwart unter Rückgriff auf Aristoteles beantworten will. Zentral ist der Gedanke, dass Moral in Traditionen und Gemeinschaften eingebettet sein muss. Hauptvertreter sind Alasdair MacIntyre (geb. 1929), Charles Taylor (geb. 1931) und Michael Walzer (geb. 1935). Erwähnen möchte ich noch den Fähigkeiten-Ansatz von Amartya Sen (geb. 1933) und Martha Nussbaum (geb. 1947), bei dem es weniger um die reine Güterverteilung geht, als darum, Menschen die Möglichkeiten zu geben, ihre Fähigkeiten zu entfalten, auch und gerade mit dem Blick auf Staaten der Dritten Welt.

Rechtsphilosophie

Die Rechtsphilosophie ist eng verwandt mit der Politischen Philosophie, doch trotz aller Überschneidungen ist eine getrennte Betrachtung sinnvoll, zumal die Rechtsphilosophie auch die Grundlage der Rechtwissenschaft darstellt. Sie fragt danach, was das Recht überhaupt ist und welches Recht gerecht ist. Sie beschränkt sich also nicht auf eine bloße Beschreibung des Rechts. Es geht um die Gültigkeit und den Geltungsbereich des Rechts und um seine Begründung und seine Quellen. Das Recht steht in einem Spannungsverhältnis zur Idee der Gerechtigkeit und zur Moral.

Der Moment des Ursprungs des Rechts ist ein Thema, das vor allem die Philosophie der Gegenwart beschäftigt. Dann das Recht entspringt in einem Ausnahmemoment der Setzung, die damit auch etwas Willkürliches hat. Das Recht ist kein natürliches Phänomen, sondern ein Ergebnis menschlichen Handelns.

Ein wesentliches Element des Rechts ist der Zwang. Das unterscheidet das Recht von der Moral oder von gesellschaftlichen Konventionen. Was Recht ist, muss notfalls mit Gewalt durchgesetzt werden können. Rechtsnormen haben einen exakten Geltungsbereich, sie gelten in der Regel innerhalb eines Staates und sie gelten ab dem Zeitpunkt ihrer Bekanntgabe zum Beispiel in einem Gesetzesblatt.

Das Denken der Antike und des Mittelalters orientierte sich an der Vorstellung eines Naturrechts, der Idee, dass es ein von Natur Rechtes geben müsse. Diese Idee entstand in der griechischen Sophistik aus der Erfahrung, dass in einzelnen Staaten und bei verschiedenen Kulturen ganz unterschiedliche Staatsmodelle existieren und ganz unterschiedliche Gesetze bestehen, die auch reiner Willkür entspringen können. Das Gesetz als das Gesetzte oder das Erlassene ist im Griechischen der *Nomos*. Dem steht als *Physis* die Idee eines Naturrechts gegenüber. In der christlichen Philosophie wurde dieses natürliche Recht zum göttlichen Gesetz. Gott hat die Welt nach seinem Gesetz eingerichtet, die Menschen sollen sich bemühen, dieses göttliche natürliche Gesetz zu erkennen.

In der Neuzeit reduzierte sich dieser moralische Anspruch des Rechts, seine Funktion wurde profaner. Es geht jetzt um Selbsterhaltung oder Erhaltung des Eigentums, oder einfach um die Rechtssicherheit. Aus einem göttlichen Naturrecht, das einer natürlichen Ordnung entspringt, wurde ein Vernunftrecht, das sich am Individuum orientiert. Aus einem natürlichen Gesetz wurden natürliche Rechte. Das natürliche Recht zeigt sich jetzt in Gestalt von vorstaatlichen Menschenrechten.

Der entscheidende Gegensatz ist der zwischen Naturrecht und Rechtspositivismus. Jede Form von Naturrecht fragt immer nach der Gerechtigkeit des Rechts, sie sucht nach dem richtigen Recht und stellt aus dieser Perspektive das tatsächlich bestehende Recht in Frage. Aber unter einem natürlichen Recht kann jeder etwas anderes verstehen, was der Willkür Tür und Tor öffnet, wie es in den Bürgerkriegen der frühen Neuzeit geschah. Deshalb wurde Rechtssicherheit selbst zum Wert, und die größte Sicherheit besteht, wenn das Recht einzig im niedergeschriebenen Recht besteht. Ein wesentliches Merkmal dieser Entwicklung des modernen positiven Rechts ist die Trennung von Recht und Moral und die Entstehung von Privatheit. Das Recht hat es mit den Beziehungen der Menschen untereinander und mit Verträgen zu tun, nicht mehr mit der Beschaffenheit und der Gesinnung der Menschen. Im Gegensatz zu den Naturrechtlern wollten die Rechtspositivisten sich jeder Wertung enthalten.

Im Laufe des 19. Jahrhunderts wurde die Vorstellung eines natürlichen Rechts weitgehend beerdigt. Von übergeordneten Zielen des Rechts war keine Rede mehr. Als Recht galt jetzt die Gesamtheit der in einem Staat geltenden Zwangsnormen. Das Recht zeigte sich in Form von Institutionen. Man sah es so, dass die fortschreitende Entwicklung der Zivilisation mit einer Ausgestaltung des Rechtsstaats einherging. Die Idee eines Naturrechts wirkte seltsam antiquiert, und auch seine modernisierte Fassung als Menschenrechte wurde damit umgesetzt, dass sie als Grundrechtskataloge verwirklicht wurden. Recht ist das, was per Gesetz erlassen ist, so lautet der Grundsatz des Rechtspositivismus.

Die Erfahrungen mit den totalitären Regimen des 20. Jahrhunderts, in denen schreiendes Unrecht als Recht kodifiziert wurde, in denen Rassismus oder Schauprozesse zum Alltag wurden, zeigten die Grenzen des Rechtspositivismus. Die Erfahrung, dass sowohl staatliche Institutionen, wie auch der Inhalt von Gesetzbüchern Unrecht verkörpern können, führte die Idee, dass Recht nur als positives Recht bestehen kann, ad absurdum. Die Menschen brauchen einen Maßstab, mit dem sie positives Recht als Unrecht verurteilen können.

Deshalb gab es nach dem Zweiten Weltkrieg eine Renaissance des Naturrechts und damit eine Rückkehr zu inhaltlichen Zielen des Rechts. Und deshalb wurde die Idee unveräußerlicher Menschenrechte wieder aufgegriffen, die in der Menschenrechtserklärung durch die Vereinten Nationen 1948 ihren Ausdruck fand.

Die Menschenrechte sind in der politischen Theorie der Gegenwart der letzte gemeinsame Nenner der globalisierten Welt. Menschenrechte gelten für alle Menschen, sie sind damit in ihrem Anspruch per definitionem universell und werden gerade gegenüber Staaten eingeklagt, in deren Rechtspraxis sie nicht beachtet werden. Der Kampf zwischen idealem und tatsächlichem Recht geht also unter neuen Vorzeichen weiter. Die besondere Brisanz des Themas liegt darin, dass von manchen Staaten der Vorwurf erhoben wird, die individuellen Menschenrechte seien Ausdruck einer speziellen europäischen Kultur, die damit der ganzen Welt übergestülpt werden soll.

Anthropologie

Die philosophische Anthropologie als eigenständige Disziplin ist erst im frühen 20. Jahrhundert entstanden. Sie fragt nach dem Wesen des Menschen, stellt also das spezifisch menschliche am Menschen in den Mittelpunkt. Erst jetzt wurde das Bild des Menschen so unklar, wurde die biologische Abgrenzung so schwierig, dass die Philosophie eine eigene Teildisziplin entwickelte. Die philosophische Anthropologie entstand im Umkreis der Phänomenologie. Entscheidende Denker waren die Husserl-Schüler Helmuth Plessner (1892-1985) und Max Scheler (1874-1928). Die umfangreichste Theorie lieferte Arnold Gehlen (1904-1976), der den Menschen als Mängelwesen definierte.

Die Frage, was eigentlich den Menschen auszeichnet, ist aber viel älter. In der Antike wurden die auf Aristoteles zurückgehenden Bestimmungen vom *Animal rationale*, dem vernunftbegabten Tier, und *vom Zoon politikon*, dem politischen Wesen, geprägt. Vernunft und Sprache, mit denen er seine Angelegenheiten regelte, galten als die Besonderheiten des Wesens Mensch. Im christlichen Mittelalter wurde der Mensch als Ebenbild Gottes und Krone der Schöpfung gedacht. Kant schließlich bestimmte den Menschen als das einzige Wesen mit Würde, wobei er diese Menschenwürde in der Fähigkeit zu moralischem Handeln begründet sah, nicht in der besonderen Intelligenz des Menschen.

Doch auch die Schattenseiten menschlichen Daseins waren der Philosophie schon lange bewusst. Bereits in der Renaissance formulierte Giovanni Pico della Mirandola (1463-1494) die Spannweite menschlicher Erscheinung. Denn der Mensch ist das Wesen, das den höchsten Himmel aber auch die tiefste Hölle in sich trägt, er kann sich weit über die Natur erheben, er kann aber auch tiefer als jedes Tier sinken, da seine

Freiheit ihn sowohl zu den größten Werken und zur höchsten Moralität, wie auch zu bestialischen Verbrechen fähig macht.

Der Mensch nimmt im gesamten Seienden eine Sonderrolle ein, denn er ist nicht nur ein Lebewesen, das unter anderen Lebewesen vorkommt, der Mensch ist das einzige Wesen, das über die Art und Weise seines Daseins und über die Welt nachdenken und sie erkennen kann. Er ist das einzige Wesen, das gleichzeitig Subjekt und Objekt der Erkenntnis ist. Aber er ist nicht nur erkennendes, sondern auch handelndes Subjekt. Und er ist das einzige Wesen, das nach Gründen handelt, oder doch handeln soll, und das nicht allein von Instinkten geleitet wird. Traditionell wird dies so ausgedrückt, dass der Mensch sowohl biologisches Naturwesen als auch moralisches Vernunftwesen ist. Er ist zugleich Tier und Person. Er ist die Schnittstelle von Natur und Vernunft, von Materie und Geist.

Zeigte Darwin dem Menschen seine Verwandtschaft mit dem Affen, so verwies Marx ihn auf seine Abhängigkeit von den sozialen Bedingungen. Ein Ensemble gesellschaftlicher Verhältnisse ist der Mensch, mehr nicht. Nietzsche raubte ihm dann sein Selbstbewusstsein, indem er feststellte, dass der Mensch nicht Herr im eigenen Haus ist. Sein Ich ist nur eine Illusion, mit der seine Triebe ihn umnebeln. Die Psychoanalyse Freuds vertiefte das und zeigte, in wie hohem Maß wir vom Unterbewusstsein gelenkt werden, wo wir glauben frei zu entscheiden. Von der einst so selbstbewussten Stellung des Menschen blieb wenig übrig.

Geschichtsphilosophie

Gegenstand der Geschichtsphilosophie ist die Frage nach dem Sinn in der Geschichte, oder ob die Geschichte überhaupt einen Sinn hat. Der Begriff tauchte erstmals in der französischen Aufklärung des 18. Jahrhunderts auf. Die Vorstellung, dass die Geschichte als Ganzes einen Sinn haben müsse, ist jedoch viel älter. Eine Schlüsselfigur ist Augustinus, der die gesamte Menschheitsgeschichte als Heilsgeschichte gemäß einem göttlichen Plan verstand. Die Geschichte wurde teleologisch und eschatologisch gedacht, als ein linearer Ablauf, der mit der Erschaffung der Welt und des Menschen beginnt und mit dem Jüngsten Gericht und der Vollendung des Gottesstaates endet.

In der Aufklärung und der nachfolgenden Moderne wurden zwar die theologischen Implikationen beseitigt, die Vorstellung einer linearen Entwicklung zum Besseren blieb jedoch bestehen. Die Geschichte wurde jetzt als Fortschritt von der Barbarei zur Zivilisation verstanden. Dies zeigt sich einmal als immer weiter voranschreitender Fortschritt des Wissens und parallel dazu als Emanzipation zu immer mehr Freiheit. Einen Höhepunkt findet die Geschichtsphilosophie im Denken Hegels, bei dem Geschichte als Selbstentfaltung des Geistes gedacht wird. Der Fortschritt vollzieht sich in einer dialektischen Entwicklung, bei der die für die Zeitgenossen negativen und katastrophalen Ereignisse wie Kriege und Revolutionen als Mittel zu einem höheren Zweck gerechtfertigt sind.

Dieser Gedanke wird bei Karl Marx als Historischer Materialismus endgültig aller idealistischen Züge beraubt, wobei die eschatologische Perspektive jetzt umso deutlicher betont wird. Die Geschichte als dialektische Folge von Klassenkämpfen steuert auf das Endziel der klassenlosen Gesellschaft zu, in der jede Form von Entfremdung, Ausbeutung und Unterdrückung verschwunden sein wird. Diesem Ziel werden die Menschen untergeordnet. Als treibende Kraft postuliert der marxistische Philosoph Ernst Bloch (1885-1977) im 20. Jahrhundert das Prinzip Hoffnung, das die ganze Menschheitsgeschichte zur bloßen Vorgeschichte des irdischen Paradieses macht.

Auch außerhalb des Marxismus und seiner utopischen Perspektive beherrschte der Gedanke des Fortschritts das abendländische Denken, sei es das Fortschrittsdenken als Entfaltung der Naturwissenschaften wie im klassischen Positivismus, sei es die utilitaristische Hoffnung, Armut, Krankheit und Not auszumerzen. Dem widersprach Friedrich Nietzsche, der die Idee des Fortschritts leugnete und an seine Stelle eine zyklische Geschichtsbetrachtung setzte, bei der es kein Endziel gibt, sondern die in jedem Augenblick gleich fertig ist.

Im 20. Jahrhundert machte Oswald Spengler (1880–1936) daraus die Idee, dass Kulturen einander ablösen und gleich Organismen nach einer Aufbruchsphase eine Blütezeit erleben und anschließend verfallen. Die totalitären Verirrungen des 20. Jahrhunderts und der Zweifel, ob der technische Fortschritt nicht vielleicht eher ein Alptraum ist, den vor allem Martin Heidegger auf die Spitze trieb, führte in der Postmoderne zur Leugnung jedes Fortschritts und zur Vorstellung, dass sich nur verschiedene Weltbetrachtungen ablösen. Die wirkungsmächtigste Theorie entwickelte Michel Foucault, für den Geschichte nur ein Wandel von Weltbildern mit unterschiedlichen Ausgestaltungen von Macht ist.

Religionsphilosophie

Religionsphilosophie ist abzugrenzen gegen Theologie und Religionswissenschaft. Während die Religionswissenschaft bestehende Religionen empirisch erforscht und beschreibt, identifiziert sich die Theologie mit einer bestimmten Religion und behandelt sie als die einzig richtige. Die Religionsphilosophie befasst sich nicht oder nur am Rande mit den Riten und der Geschichte von Religionen, ihr geht es um den ontologischen oder normativen Anspruch und Gehalt von Religionen.

Es ist schwierig überhaupt zu definieren, was Religion ist, zu klären, was genau das Gemeinsame von verschiedenen „Religionen" wie dem Hinduismus, dem Judentum oder dem Christentum ist. Die Gemeinsamkeiten stellen sich eher als eine Art Familienähnlichkeit dar. Ein Thema, das mit der Frage nach Gott unterschwellig immer mitverhandelt wird, ist die Frage nach der Unsterblichkeit der Seele, auch wenn ein Blick in die antiken oder auf asiatische Religionen zeigt, dass die beiden Themen gar nicht untrennbar verbunden sind.

Religionen haben in der Regel zwei Hauptdimensionen: Sie erklären und deuten die Wirklichkeit, angefangen von der Entstehung der Welt bis zum Ende des Lebens, und sie haben eine handlungsorientierte und ethische Dimension, was so weit gehen kann, dass sie für alle Lebenssituationen bis hin zur Ernährung und Körperpflege Regeln bereithalten. Außer solch objektiven Bereichen haben Religionen meist auch eine subjektive Seite, die sich als individueller Glaube oder Selbstverwirklichung bis hin zu ekstatischer Verzückung ausdrücken kann.

Für eine philosophische Haltung stehen klassischerweise drei Varianten zur Verfügung: der Theismus als Annahme einer irgendwie gearteten göttlichen Wesenheit, der Atheismus als die Leugnung jeder göttlichen Existenz und der Agnostizismus als eine Position, die diese Frage bewusst offen lässt, da Gott nicht erkennbar sei.

Religion und Philosophie haben viele gemeinsame Themen. Fragen nach dem Sinn des Daseins oder nach der Begründung von Normen spielen in beiden eine große Rolle und in der Geschichte kam es zeitweise, vor allem im Mittelalter zu einer engen Verbindung, ja fast Verschmelzung von Theologie und Religion. Für die scholastische Tradition war das Verhältnis von Glaube und Vernunft ein zentrales Motiv. Da Gott sich in der Bibel offenbart hatte, konnte die menschliche Vernunft dieser Wahrheit nicht widersprechen, sondern musste ihr untergeordnet werden. Die Vernunft konnte die offenbarte Wahrheit unterstützen, zum Beispiel indem sie die Existenz Gottes bewies. Die verschiedenen Gottesbeweise, der ontologische Beweis von Anselm von Canterbury, oder die kosmologischen und der teleologische Beweis Thomas von Aquins sind ein Ergebnis dieses Denkens.

Ein wesentliches Problem jeder religiösen Philosophie war zu allen Zeiten das Theodizee-Problem, die Frage, wie Gott, der doch ein allgütiger Gott sein soll, das Böse in der Welt zulassen kann. Das Problem resultiert aus einem Widerspruch zwischen der Allmacht und der Allgüte Gottes. Wenn Gott sowohl allgütig wie allmächtig ist, dann wäre es ihm ein Leichtes, das Böse und das Leiden auszumerzen. Wenn er es zwar könnte, aber nicht will, dann wäre er zwar allmächtig, aber nicht allgütig. Wenn er es zwar möchte, aber nicht kann, dann wäre er zwar allgütig, aber nicht allmächtig. Die Frage beschäftigte Philosophen von Augustinus bis Leibniz. Meist behalf man sich mit der Konstruktion, dass das Böse gar nicht von Gott käme, sondern vom Menschen, dass es aber unvermeidlich sei, wenn Gott dem Menschen Freiheit zugestehe, denn die Freiheit kann auch zum Bösen verwendet werden. Auf den wunden Punkt dieser Argumentation wies Dostojewski mit seiner Romangestalt Iwan Karamasow hin, für den das Leiden unschuldiger Kinder zum Knackpunkt wurde, und der deshalb auf seine Eintrittskarte in den Himmel verzichtete, indem er Gott anklagte.

In der neuzeitlichen Philosophie und vor allem in der Aufklärung verblasste die Rolle Gottes zunehmend. Im Deismus wurde Gott zu einem ätherischen höchsten Wesen und Kant stellte endlich fest, dass Gott kein Gegenstand möglicher Erkenntnis ist. Der Glaube an Gott, der weder bewiesen noch widerlegt werden kann, wird zur privaten Angelegenheit. Vom Begründungsproblem der Philosophie war Gott zum Grenzproblem geworden.

In der Religionskritik des 19. Jahrhunderts wurde Gott radikal verabschiedet. Ludwig Feuerbach erklärte Gott zur Verkörperung menschlicher Ideale, nicht Gott hat den Menschen, sondern der Mensch hat Gott nach seinem Ebenbild geschaffen. Karl Marx befand, dass die Religion nur zur Rechtfertigung der bestehenden Zustände und damit der herrschenden Klasse diente, indem sie den Unterdrückten die Hoffnung auf eine jenseitige Welt bot. Die Beseitigung der Religion war die Voraussetzung zur Beseitigung der ausbeuterischen Zustände. Nietzsche prägte die Formel „Gott ist tot", womit er nicht nur eine bestimmte Gottesvorstellung meinte, sondern das Ende jeder objektiven Sinngebung. Indem die Religionskritik die Genese der Religionen erklärt und zeigt, wie es zur Vorstellung Gottes kam, will sie den Glauben an die Existenz Gott widerlegen.

Neuere Versuche einer philosophischen Rechtfertigung religiöser Phänomene argumentieren entweder aus einer subjektiven Glaubensgewissheit heraus, wie Kierkegaard oder in abgeschwächter Form Charles Taylor, oder sie behaupten, dass die Moral sich nur durch die Annahme eines Gottes begründen ließe. Dostojewskij bringt dieses Argument auf den Punkt, wenn er sagt: Wenn Gott nicht existiert, dann ist alles erlaubt. Atheismus würde demnach zum sittlichen Verfall führen. Dass

Moral einer transzendenten Begründung bedürfe, ist jedoch ein Kurzschluss, der von der Wirklichkeit zur Genüge widerlegt wurde.

In der Gegenwart gibt es auch Ansätze das teleologische Argument wiederzubeleben, und zwar unter dem Stichwort des sogenannten anthropischen Prinzips. Dahinter verbirgt sich die Frage, ob es wirklich Zufall gewesen sein kann, dass in diesem Universum Leben entstehen konnte, das zum menschlichen Bewusstsein führte. Steht also eine lenkende Absicht dahinter? Die Philosophie wird die Religion noch immer nicht los.

Ästhetik

Der Begriff "Ästhetik" als Name für eine philosophische Disziplin taucht zum ersten Mal im 18. Jahrhundert bei Alexander Baumgarten auf. Er definierte die Ästhetik als die "Wissenschaft von der sinnlichen Erkenntnis". Doch schon bei Platon und Aristoteles gab es eine philosophische Auseinandersetzung mit der Kunst und vor allem bei Platon wurde die Schönheit mit Wahrheit in Beziehung gesetzt. Und genau diese Frage, inwiefern das Schöne wahr sein kann, wurde im 18. Jahrhundert aufgegriffen. Schönheit wurde als Harmonie und Vollkommenheit verstanden, in ihr kommt eine symbolische und bildhafte Wahrheit zum Vorschein, die nicht begrifflich aufgelöst werden kann. Das Kunstwerk ist immer schon viel mehr, als jede Erklärung oder Interpretation zum Ausdruck bringen kann, aber eben nur als Kunstwerk.

Die am gründlichsten entwickelte Ästhetik finden Sie in Kants *Kritik der Urteilskraft.* Kant bestimmt dort Schönheit als Zweckmäßigkeit ohne Zweck und als interesseloses Wohlgefallen. Er sieht das Schöne aber nicht nur in der Kunst, sondern findet es auch in der Natur. Die Schönheit der Kunst besteht zu einem guten Teil sogar darin, dass ihre Werke so wirken, als wären sie von der Natur gemacht. Jedes gezielte Interesse zerstört das ästhetische Urteil. Das wäre der Fall, wenn Sie ein Kunstwerk nur als materielle Wertanlage betrachten, aber auch wenn ein Werk bestimmte Absichten verfolgt, wenn es den Rezipienten manipulieren will oder als Mittel für bestimmte Zwecke dient. Im Begriff des interesselosen Wohlgefallens ist auch enthalten, dass ästhetischer Genuss die Position des distanzierten Betrachters voraussetzt. Man kann ein Gewitter ästhetisch empfinden, wenn man sich selbst an einem sicheren Ort befindet, nicht jedoch wenn man von ihm in offener Landschaft überrascht wird. Hier würde die gefühlte Gefahr jeden ästhetischen Reiz überlagern.

Im Idealismus und vor allem in der Romantik entstand eine Verbindung von Kunst und Religion und die Museen und Theater wurden zu Tempeln einer säkularen Kunstreligion. Das Genie wurde zum Kultbegriff.

Die Ästhetik besteht in der philosophischen Auseinandersetzung mit Kunst, Musik und der sogenannten schönen Literatur. Die philosophische Ästhetik interpretiert jedoch nicht einzelne Kunstwerke, sondern sie will erklären, was Kunst eigentlich ist und was das Besondere eines Kunstwerks ausmacht. Wirkliche Kunst beeindruckt unmittelbar und hat keine begriffliche Erklärung nötig. Eine Interpretation kann zwar zum besseren Verständnis beitragen, das Kunstwerk wirkt aber auch ohne sie. Es ist umgekehrt eher ein Merkmal schlechter oder bloß gut gemeinter Kunst, dass sie erklärt werden muss, damit sie die gewünschte Wirkung entfaltet.

Doch hat die Ästhetik es eher mit der ästhetischen Erfahrung oder mit dem ästhetischen Gegenstand zu tun? Eine ästhetische Erfahrung wird erlebt, sie ist etwas Subjektives, doch sie hat einen objektiven Anspruch. Es genügt nicht, dass Ihnen ein Kunstwerk gefällt und dass Sie es schön finden. Wenn es sich wirklich um Kunst handelt, dann muss es objektiv schön sein. Das Werk selbst ist ästhetisch. Der berühmte

Ausspruch, von den Geschmäckern, die eben verschieden sind, ist der Kunst nicht angemessen. Ein ästhetisches Urteil erhebt also den Anspruch der Allgemeingültigkeit und ist mehr als bloß subjektive Meinung. Ein solches Kunstwerk kann ein Musikstück, ein Gemälde, eine Figur, ein Gedicht, ein Theaterstück, ein Roman, ein Film oder auch ein Gebäude und eine besondere Landschaft sein.

Die Besonderheit der ästhetischen Beschaffenheit ist jedoch, dass sie nur sehr begrenzt objektiv beschrieben werden kann. Im Gegensatz zu einem rein funktionalen Werk, das mit einer entsprechenden Anleitung beliebig oft reproduziert werden kann, vermag niemand Kunst nach Plan zu erzeugen. Sie können über alle Mittel verfügen und trotzdem wird es Ihnen wahrscheinlich misslingen, davon geben zahllose Nachahmungswerke ein Zeugnis, denen man vielleicht sogar technische Perfektion bescheinigen kann, denen aber dennoch jenes gewisse Etwas fehlt, das ein Kunstwerk ausmacht.

Die ästhetische Eigenschaft ist also etwas, das mit dem Gegenstand verbunden ist, das jedoch nur im Betrachter lebendig wird. Die Eigenschaft ein Kunstwerk zu sein, ist nicht objektiv beschreibbar, sondern sie ist nur in der Rezeption lebendig.

Im 20. Jahrhundert bekam die Frage nach dem Wesen der Kunst eine neue Wendung, da jetzt Künstler bewusst gegen vorgebliche Regeln der Kunst verstießen oder mit einer Ästhetik des Hässlichen provozierten. Werke wollten schockieren oder bis zur Ununterscheidbarkeit alltäglich wirken. Aber sie erhoben dennoch den Anspruch, Kunst zu sein. Die gesellschaftliche Funktion der Kunst wurde hinterfragt und mögliche affirmative oder revolutionäre Zwecke der Kunst diskutiert.

Die bedeutendsten modernen Ansätze zur philosophischen Ästhetik finden Sie in Gadamers *Wahrheit und Methode* und in Adornos *Ästhetischer Theorie*. Eröffnet die Kunst in

Gadamers Sicht eine besondere Wahrheit, die nur im Werk erfahren wird, so hat für Adorno das Kunstwerk eine utopische Dimension, die als Antithese zur gesellschaftlichen Wirklichkeit eine bessere Praxis aufscheinen lässt.

Hauptwerke der Philosophie

Platon: Die Apologie des Sokrates (um 390 v. Chr.)

Die *Apologie* ist einer der frühesten Texte Platons. Geschildert wird die Verteidigung des Sokrates gegen die Anklage der Gotteslästerung und der Verführung der Jugend. Sokrates stellt hier seine Methode des Fragens dar und bekennt die Grenzen seines Wissens. Trotz seiner Kürze von nur etwa 25 Seiten ein programmatischer Text für die ganze Philosophiegeschichte.

Zitat: *„Denn es mag wohl eben keiner von uns beiden etwas Tüchtiges oder Sonderliches wissen; allein dieser doch meint zu wissen, da er nicht weiß, ich aber, wie ich eben nicht weiß, so meine ich es auch nicht. Ich scheine also um dieses wenige doch weiser zu sein als er, dass ich, was ich nicht weiß, auch nicht glaube zu wissen."*

Platon: Das Gastmahl (Symposion; um 380 v. Chr.)

In diesem Dialog muss jeder Teilnehmer einer weinseligen Feier eine Lobrede auf Eros, den Gott der Liebe, halten. Neben dem satirischen Mythos von den Kugelmenschen ragt die Rede des Sokrates hervor, in der Eros nicht als das Schöne, sondern als das Streben nach dem Schönen dargestellt wird. Das menschliche Dasein ist ein Verlangen, über sich hinauszugelangen. Diese Sehnsucht ist die Kraft des Eros. Mit einem Umfang von etwa 80 Seiten ist dieser Text der vielleicht schönste und kunstvollste Dialog Platons.

Zitat: *„Denn gewiss zählt doch die Weisheit zu dem Allerschönsten; die Liebe aber ist auf alles Schöne gerichtet: folglich ist Eros ein Philosoph; als Philosoph aber steht er in der Mitte zwischen einem Weisen und einem Unwissenden."*

Platon: Phaidon (um 380 v. Chr.)

Dieser Dialog schildert die letzten Stunden des Sokrates, die er im Gespräch mit seinen Schülern verbringt, und sein anschließendes Sterben. Hauptthema ist die Frage nach der Unsterblichkeit, die auf der Trennung von Körper und Seele beruht. Die Schrift umfasst ungefähr etwa 100 Seiten und hatte fundamentalen Einfluss auf die gesamte nachfolgende Metaphysik.

Zitat: „*Heißt aber dies nicht Tod: Erlösung und Absonderung der Seele von dem Leibe? … Und sie zu lösen streben immer am meisten nur allein die wahrhaft Philosophierenden; und eben dies also ist das Geschäft der Philosophen: Befreiung und Absonderung der Seele von dem Leibe; oder nicht?*"

Platon: Der Staat (Politeia; um 370 v. Chr.)

Der Staat mit seinen über 400 Seiten gilt als Platons Hauptwerk und als eines der absoluten Hauptwerke der gesamten Philosophie, in dem fast alle Themen der nächsten 2000 Jahre schon vorkommen. Sein Grundthema ist die Frage nach der Gerechtigkeit. Sokrates erklärt das Wesen der Gerechtigkeit am Beispiel des Staates, denn ein Staat, ist nichts anderes als ein Mensch im Großen. Neben ethischen und politischen Theorien enthält *Der Staat* auch erkenntnistheoretische und metaphysische Argumente. In diesem Zusammenhang finden Sie die berühmten Gleichnisse zur Ideenlehre, wie das Sonnen- und das Liniengleichnis und als Höhepunkt das berühmte Höhlengleichnis.

Zitat: „*Wenn nicht ... entweder die Philosophen Könige werden in den Staaten, oder die, welche jetzt Könige und Herrscher heißen, echte und gründliche Philosophen werden, und dieses beides in einem zusammenfällt, Macht im Staate und Philosophie, den meisten Naturen aber unter den jetzigen, die sich einem von beiden zuwenden, der Zugang mit Gewalt verschlossen wird, gibt es ...*

keine Erlösung vom Übel für die Staaten, ich glaube aber auch nicht für die Menschheit."

Aristoteles: Metaphysik (um 340) v. Chr.

Es gibt kaum ein Werk, das die Begrifflichkeit und die Themenbereiche der Philosophie jahrhundertelang stärker bestimmt hätte als die *Metaphysik* des Aristoteles. Das Buch wurde von seinem Autor so nicht verfasst. Es handelt sich um eine Sammlung verschiedener Schriften, die Aristoteles zur von ihm so genannten „ersten Philosophie" erstellte. Erst ungefähr zweihundert Jahre nach dem Tod des Philosophen erhielten diese Schriften ihren bis heute verwendeten Titel. Die *Metaphysik* umfasst knapp 400 Seiten und ist ausgesprochen schwere Kost.

Zitat: *„Das Wort Substanz wird, wenn nicht in noch mehr, so doch jedenfalls in vier verschiedenen Bedeutungen gebraucht. Als das, was die Substanz eines jeglichen Objekts ausmacht, gilt das begriffliche Wesen, das Allgemeine und die Gattung; dazu kommt als vierte Bedeutung die des Substrats hinzu. Substrat aber ist das, wovon das andere ausgesagt wird, während es selbst nicht wieder von einem anderen ausgesagt wird."*

Aristoteles: Nikomachische Ethik (um 340 v. Chr.)

Die Nikomachische Ethik ist mit ihren knapp 300 Seiten eines der grundlegenden Bücher der praktischen Philosophie und der Klassiker jeder Tugendethik. Hier finden Sie Aristoteles' Lehre vom guten Leben und vom menschlichen Glück als *Eudaimonia*, und Sie lernen seinen Begriff der vortrefflichen Tugend als Mitte zwischen zwei Extremen kennen.

Zitat: *„Darüber nun, dass die Glückseligkeit als das höchste Gut zu bezeichnen ist, herrscht wohl anerkanntermaßen volle Übereinstimmung; was gefordert wird, ist dies, dass mit noch größerer*

Deutlichkeit aufgezeigt werde, worin sie besteht. Dies wird am ehesten so geschehen können, dass man in Betracht zieht, was des Menschen eigentliche Bestimmung bildet.“

Augustinus: Bekenntnisse (um 400)

Autobiografie, Beichte und Gebet zugleich, ist dies das Buch, mit dem Augustinus die Kunst der Seelenzergliederung erfindet und von dem aus der Begriff der Sünde seinen Schatten über die kommenden Jahrhunderte wirft. Dabei sind diese gut 400 Seiten erstaunlich gut geschrieben und in manchen Punkten, wie dem Zeitbewusstsein, verblüffend modern.

Zitat: *„Groß bist du, o Herr, und deines Lobes ist kein Ende; groß ist die Fülle deiner Kraft, und deine Weisheit ist unermesslich. Und loben will dich der Mensch, ein so geringer Teil deiner Schöpfung; der Mensch, der sich unter der Last der Sterblichkeit beugt, dem Zeugnis seiner Sünde, einem Zeugnis, dass du den Hoffärtigen widerstehest.“*

Thomas von Aquin: Summe der Theologie (1266)

Wie ein gotischer Dom steht dieses Werk mit seinen 1500 Seiten in der geistigen Landschaft des Mittelalters und behandelt als Hauptwerk der Scholastik alle Themen der Philosophie und Theologie. Es ist eine Synthese aus christlicher Glaubenslehre und aristotelischer Gelehrsamkeit; wegen seiner erschöpfenden Weitschweifigkeit für einen zeitgenössischen Leser aber nur schwer genießbar.

Zitat: *„Diejenigen Dinge aber, die kein Denken haben, streben nicht zu ihrem Ziel, außer weil sie geleitet sind von einem Denkenden und vernünftig Erkennenden, wie der Pfeil vom Bogenschützen geleitet wird. Also gibt es etwas vernünftig Erkennendes, von dem alle Naturdinge auf ein Ziel hin geordnet werden. Und dies nennen wir Gott.“*

René Descartes: Meditationen über die erste Philosophie (1641)

Die *Meditationen* sind ein Schlüsseltext für den Beginn der neuzeitlichen Philosophie. Descartes sucht mit der Methode des radikalen Zweifels eine absolute Gewissheit und findet sie schließlich im reinen Selbstbewusstsein des Denkens. Auch wenn er danach einen ontologischen Gottesbeweis anführt, wird hier der Philosophie eine neue Richtung gegeben, da jetzt die ganze Wirklichkeit im Subjekt gründet. Mit nicht mal 100 Seiten ein absolutes Muss für jeden ernsthaft an der Philosophie interessierten.

Zitat: „*Und mag er mich täuschen, soviel er vermag, nimmer wird er es erreichen, dass ich nicht bin, solange ich denke, dass ich etwas bin. Alles in allem reiflich erwogen, muss zuletzt der Satz anerkannt werden: Ich bin, ich bestehe, so oft von mir etwas ausgesagt oder vorgestellt wird.*“

Thomas Hobbes: Leviathan (1651)

Mit diesem 550-seitigen Buch beginnt die Politische Philosophie der Neuzeit. Hobbes entwickelt die Lehre vom Naturzustand als Grundlage des Gesellschaftsvertrages und er begründet den modernen Begriff der Souveränität. Sein pessimistisches Menschenbild konkurrierender Individuen legte trotz seiner Reduktion alles menschlichen Zusammenlebens auf reine Machtbeziehungen den Grundstein zur Theorie der Menschenrechte. Ein absolutes Muss für jeden, der sich mit Politischer Philosophie befassen will.

Zitat: „*Und wegen dieses gegenseitigen Misstrauens gibt es für niemand einen anderen Weg, sich selbst zu sichern, der so vernünftig wäre wie Vorbeugung, das heißt, mit Gewalt oder List nach Kräften jedermann zu unterwerfen, und zwar so lange, bis er keine andere Macht mehr sieht, die groß genug wäre, ihn zu gefährden.*

Und dies ist nicht mehr, als seine Selbsterhaltung erfordert und ist allgemein erlaubt."

Baruch de Spinoza: Ethik (1677)

Mit streng mathematischer Methode, mit Axiomen und Beweisen will Spinoza auf etwa 350 Seiten demonstrieren, dass es nur eine einzige Substanz gibt, womit Denken, Gott und Natur identisch werden. Spinozas Theorie führt zu einem umfassenden Pantheismus. Freiheit besteht in der Einsicht in die Notwendigkeit. Dies ist nach Spinoza mit Freude verbunden und führt zur Liebe zu Gott, die im Grunde die Liebe Gottes zu sich selbst ist.

Zitat: „*Hieraus folgt, dass der menschliche Geist ein Teil des unendlichen Verstandes Gottes ist. Wenn wir demnach sagen, der menschliche Geist nimmt dieses oder jenes wahr, so sagen wir nichts anderes, als dass Gott, nicht sofern er unendlich ist, sondern sofern er durch die Natur des menschlichen Geistes erklärt wird oder sofern er das Wesen des menschlichen Geistes ausmacht, diese oder jene Idee hat."*

John Locke: Versuch über den menschlichen Verstand (1690)

Lockes *Essay* ist das Grundbuch der Erkenntnistheorie. Locke zergliedert auf über 900 Seiten den menschlichen Erkenntnisapparat, denn es gibt nach ihm keine angeborenen Ideen, sondern die empirische Erfahrung ist die einzige Quelle jeglicher Erkenntnis.

Zitat: „*Wir wollen also annehmen, die Seele sei, wie man sagt, ein weißes, unbeschriebenes Blatt Papier, ohne irgendwelche Vorstellungen; wie wird sie nun damit versorgt? ... Woher hat sie all den Stoff für die Vernunft und das Wissen? Ich antworte darauf mit einem Worte: Von der Erfahrung. All unser Wissen ist auf diese gegründet, und von ihr leitet es sich im letzten Grunde ab.“*

John Locke: Zwei Abhandlungen über die Regierung (1690)

Mit dieser nicht mal 200 Seiten umfassenden Abhandlung über die Regierung wird Locke zum Stammvater des Liberalismus. Sie finden sowohl eine Begründung der Menschenrechte als angeborener und unveräußerlicher Rechte, die jeder Staat respektieren muss, wie auch eine Rechtfertigung unbegrenzter Anhäufung von Eigentum auf der Grundlage von Arbeit.

Zitat: *„Der Mensch wird mit einem Rechtsanspruch auf vollkommene Freiheit und uneingeschränkten Genuss aller Rechte und Privilegien des natürlichen Gesetzes in Gleichheit mit jedem anderen Menschen oder jeder Anzahl von Menschen auf dieser Welt geboren.“*

Gottfried Wilhelm Leibniz: Monadologie (1720)

Gerade mal 20 Seiten umfasst diese kleine Schrift und ist doch das bekannteste Werk von Leibniz. Das ganze Universum wird hier als eine Unmenge von Monaden gedacht, die keinen Einfluss aufeinander haben, sondern von Gott als großem Uhrmacher am Beginn der Zeit so eingerichtet wurden, dass sie im Gleichklang laufen. Was wie verrückte metaphysische Spekulation klingt, stellt sich ganz anders dar, wenn man den Uhrmacher als Programmierer denkt.

Zitat: *„Die Monaden haben keine Fenster, wodurch etwas in dieselben hineintreten oder aus ihnen herausgehen könnte.“*

David Hume: Untersuchung über den menschlichen Verstand (1748)

In dieser etwa 200-seitigen einflussreichen Abhandlung wird der Empirismus konsequent zu Ende gedacht und das Grundproblem jeder induktiven Wissenschaft geschildert. Erkenntnis, die auf Erfahrung beruht, gelangt nie über ein gewisses Maß an Wahrscheinlichkeit hinaus. Gewissheit ist so nicht zu erreichen.

Zitat: *„Alle Erfahrungsbeweise gründen sich in Wahrheit auf die Ähnlichkeit, welche man zwischen verschiedenen Gegenständen bemerkt, und welche ähnliche Wirkungen wie die erwarten lässt, welche man früher als Folge von solchen Gegenständen bemerkt hat."*

Jean-Jacques Rousseau: Vom Gesellschaftsvertrag (1762)

Eine Form staatlichen Zusammenlebens zu finden, bei der jeder nur sich selbst gehorcht und wieder die Freiheit erreicht, die im unschuldigen Naturzustand galt, ist Rousseaus Ziel in diesem 170-seitigen Schlüsselwerk der Politischen Philosophie. Dass sein allgemeiner Wille nicht nur zum authentischen und freien Menschen, sondern auch zu Gesinnungsterror führen kann, hat er zumindest geahnt.

Zitat: *„Damit demnach der Gesellschaftsvertrag keine leere Form sei, enthält er stillschweigend folgende Verpflichtung, die allein den übrigen Kraft gewähren kann; sie besteht darin, dass jeder, der dem allgemeinen Willen den Gehorsam verweigert, von dem ganzen Körper dazu gezwungen werden soll; das hat keine andere Bedeutung, als dass man ihn zwingen werde, frei zu sein"*

Immanuel Kant: Kritik der reinen Vernunft (1781)

Die *Kritik der reinen Vernunft* ist das vielleicht wichtigste Buch der gesamten Philosophiegeschichte, allenfalls noch mit Platons *Politeia* vergleichbar. Danach war nichts mehr so wie vorher. Kant zergliedert auf über 600 Seiten den Vorgang des Erkennens und bestimmt die Grenzen jeder menschlichen Erkenntnis. Dabei entsteht ein völlig neues Weltbild. Leider ist der Text in einer äußerst komplizierten Sprache geschrieben, so dass es für den interessierten Laien kaum möglich ist, das Buch ohne Einführung zu lesen.

Zitat: „*Denn Gesetze existieren eben so wenig in den Erscheinungen, sondern nur relativ auf das Subjekt, dem die Erscheinungen inhärieren, so fern es Verstand hat, als Erscheinungen nicht an sich existieren, sondern nur relativ auf dasselbe Wesen, so fern es Sinne hat. Dingen an sich selbst würde ihre Gesetzmäßigkeit notwendig, auch außer einem Verstande, der sie erkennt, zukommen. Allein Erscheinungen sind nur Vorstellungen von Dingen, die, nach dem, was sie an sich sein mögen, unerkannt da sind.*“

Immanuel Kant: Kritik der praktischen Vernunft (1788)

In dieser 180-seitigen zweiten *Kritik* entwickelt Kant seine Ethik. Im Zentrum stehen der kategorische Imperativ und das daraus entspringende Konzept von Freiheit und Menschenwürde. Neben Aristoteles‘ *Nikomachischer Ethik* das zweite Hauptwerk der Praktischen Philosophie, leider ähnlich kompliziert geschrieben wie die *Kritik der reinen Vernunft*.

Zitat: „*Das moralische Gesetz ist heilig (unverletzlich). Der Mensch ist zwar unheilig genug, aber die Menschheit in seiner Person muss ihm heilig sein. In der ganzen Schöpfung kann alles, was man will, und worüber man etwas vermag, auch bloß als Mittel gebraucht werden; nur der Mensch, und mit ihm jedes vernünftige Geschöpf, ist Zweck an sich selbst. Er ist nämlich das Subjekt des moralischen Gesetzes, welches heilig ist, vermöge der Autonomie seiner Freiheit.“*

Georg Wilhelm Friedrich Hegel: Phänomenologie des Geistes (1807)

Hegels Erstling blieb sein wirkungsmächtigstes Buch. Auf fast 600 Seiten führt er mit dialektischer Methode seinem sprachlosen Leser vor, wie der Geist sich über einen vielstufigen Aufstieg am Ende schließlich selbst findet. Es gibt wenige Bücher, die ähnliche sprachliche Anforderungen an ihre Leser stellen.

Zitat: *„Das Wahre ist das Ganze. Das Ganze aber ist nur das durch seine Entwicklung sich vollendende Wesen. Es ist von dem Absoluten zu sagen, dass es wesentlich Resultat, dass es erst am Ende das ist, was es in Wahrheit ist; und hierin eben besteht seine Natur, Wirkliches, Subjekt oder Sichselbstwerden zu sein.“*

Arthur Schopenhauer: Die Welt als Wille und Vorstellung (1819)

Auf über 1300 Seiten führt Schopenhauer in anschaulicher und bildhafter Weise vor, dass die Welt im Kern das Produkt eines dumpfen und blinden Willens ist, der sich ohne Sinn und Ziel in einem ewigen Werden und Vergehen ausdrückt.

Zitat: *„Wir bekennen es vielmehr frei: was nach gänzlicher Aufhebung des Willens übrig bleibt, ist für alle die, welche noch des Willens voll sind, allerdings Nichts. Aber auch umgekehrt ist denen, in welchen der Wille sich gewendet und verneint hat, diese unsere so sehr reale Welt mit allen ihren Sonnen und Milchstraßen – Nichts.“*

Sören Kierkegaard: Entweder - Oder (1843)

Ein Buch mit mehr als 900 Seiten, das sich stellenweise wie ein Roman liest. Kierkegaard bringt einen sehr subjektiven Ton in die Philosophie. Bei ihm geht es weniger um allgemeine Prinzipien als um die ganze persönliche Entscheidung, wie man leben soll.

Zitat: *„Mein Entweder – Oder bezeichnet nicht zunächst die Wahl zwischen Gutem und Bösem; es bezeichnet die Wahl, in der man das Gute und das Böse wählt, oder das eine und das andre abweist. Dass der, der Gutes und Böses wählt, das Gute wählt, ist wohl wahr, aber das zeigt sich erst hinterher; denn das Ästhetische ist nicht das Böse, sondern die Indifferenz, und deshalb sagte ich, dass das Ethische die Wahl konstituiere."*

Karl Marx / Friedrich Engels: Manifest der Kommunistischen Partei (1848)

Knapp 40 Seiten umfasst dieses Gemeinschaftswerk von Marx und Engels, das Kampfschrift und philosophischer Essay zugleich ist. Hier entwerfen Marx und Engels ihre Theorie der Geschichte als Abfolge von Klassenkämpfen. Und hier rufen sie zur proletarischen Revolution auf.

Zitat: *„Die Geschichte aller bisherigen Gesellschaft ist die Geschichte von Klassenkämpfen. Freier und Sklave, Patrizier und Plebejer, Baron und Leibeigener, Zunftbürger und Gesell, kurz, Unterdrücker und Unterdrückte standen in stetem Gegensatz zueinander, führten einen ununterbrochenen, bald versteckten, bald offenen Kampf, einen Kampf, der jedes Mal mit einer revolutionären Umgestaltung der ganzen Gesellschaft endete oder mit dem gemeinsamen Untergang der kämpfenden Klassen."*

John Stuart Mill: Der Utilitarismus (1863)

Diese knapp 100 Seiten umfassende Abhandlung ist das Grundbuch des Utilitarismus und damit auf dem Gebiet der Ethik die wichtigste Alternative zu Kants Programm. Und sie ist in einem leicht verständlichen Stil verfasst.

Zitat: *„Es ist besser, ein unzufriedener Mensch zu sein als ein zufriedenes Schwein; besser ein unzufriedener Sokrates als ein zufriedener Narr. Und wenn der Narr oder das Schwein anderer Ansicht sind, dann deshalb, weil sie nur die eine Seite der Angelegenheit kennen. Die andere Partei hingegen kennt beide Seiten.“*

Friedrich Nietzsche: Also sprach Zarathustra (1883)

Ungewöhnlich dichterisch für ein philosophisches Buch ist Nietzsches etwa 400 Seiten umfassendes Hauptwerk. Hier und nur hier finden Sie seine berühmten Ideen vom Übermenschen und der Ewigen Wiederkunft des Gleichen. Bei allem Pathos sollten Sie die parodistische und ironische Grundhaltung des Buches nicht übersehen.

Zitat: *„Aber sagt, meine Brüder, was vermag noch das Kind, das auch der Löwe nicht vermochte? Was muss der raubende Löwe auch noch zum Kinde werden? Unschuld ist das Kind und Vergessen, ein Neubeginnen, ein Spiel, ein aus sich rollendes Rad, eine erste Bewegung, ein heiliges Ja-sagen.“*

Friedrich Nietzsche: Zur Genealogie der Moral (1887)

In dieser 170-seitigen Streitschrift widerlegt Nietzsche die Möglichkeit einer objektiven Moral, indem er mit psychologischem Spürsinn ihre Entstehungsbedingungen nachzeichnet. Hier finden Sie auch seinen Frontalangriff gegen das Christentum und seine Sklavenmoral.

Zitat: „*Während alle vornehme Moral aus einem triumphierenden Ja-sagen zu sich selber herauswächst, sagt die Sklaven-Moral von vornherein Nein zu einem „Außerhalb“, zu einem „Anders“, zu einem „Nicht-selbst“: und dies Nein ist ihre schöpferische Tat. Diese Umkehrung des werte-setzenden Blicks – diese notwendige Richtung nach außen statt zurück auf sich selber – gehört eben zum Ressentiment.*“

Ludwig Wittgenstein: Tractatus logico-philosophicus (1921)

Mit seinen knapp 80 Seiten und seinen streng durchnummerierten Sätzen ist dieses Büchlein so dicht und konzentriert geschrieben, dass er kein Wörtchen zu viel enthält. Neben der logischen Theorie, die es enthält, waren die meisten Leser immer von seinen prägnanten Aphorismen fasziniert, die im letzten Satz gipfeln: Wovon man nicht sprechen kann, darüber muss man schweigen.

Zitat: „*Wir fühlen, dass selbst, wenn alle 'möglichen' wissenschaftlichen Fragen beantwortet sind, unsere Lebensprobleme noch gar nicht berührt sind. Freilich bleibt dann eben keine Frage mehr; und eben dies ist die Antwort. Die Lösung des Problems des Lebens merkt man am Verschwinden dieses Problems.*“

Martin Heidegger: Sein und Zeit (1927)

Trotz seiner etwas über 400 Seiten blieb *Sein und Zeit* ein Fragment, was seiner immensen Wirkung aber keinen Abbruch tat, ebenso wenig wie seine eigenwillige und gewöhnungsbedürftige Sprache. *Sein und Zeit* ist auf jeden Fall neben Wittgensteins *Philosophischen Untersuchungen* eines der zwei wichtigsten philosophischen Werke des 20. Jahrhunderts. Heidegger konfrontiert die Existenz mit der Angst und dem Tod auf eine Weise, die eine neue Dimension der Sinnfrage eröffnet.

Zitat: „*Der Tod ist eine Seinsmöglichkeit, die je das Da-sein selbst zu übernehmen hat. Mit dem Tod steht sich das Dasein selbst in seinem eigensten Sein-können bevor. In dieser Möglichkeit geht es dem Dasein um sein In-der-Welt-sein schlechthin. Sein Tod ist die Möglichkeit des Nicht-mehr-dasein-könnens. Wenn das Dasein als diese Möglichkeit seiner selbst sich bevorsteht, ist es völlig auf sein eigenstes Seinkönnen verwiesen.*"

Karl Popper: Logik der Forschung (1934)

Dieses Werk ist das Grundbuch der Wissenschaftstheorie. Popper entwirft hier seine Theorie der Falsifikation als Kriterium für Wissenschaftlichkeit. Eine Theorie gilt nur so lange, bis sie durch eine widersprechende Beobachtung widerlegt wird. Jede Wahrheit wird zur vorläufigen Hypothese. Ursprünglich etwa 250 Seiten lang, im Lauf der Jahre aber mehrmals um größtenteils naturwissenschaftliche Passagen erweitert.

Zitat: „*Die positive Entscheidung kann das System immer nur vorläufig stützen; es kann durch spätere negative Entscheidungen immer wieder umgestoßen werden. Solang ein System eingehenden und strengen deduktiven Nachprüfungen standhält und durch die fortschreitende Entwicklung der Wissenschaft nicht überholt wird, sagen wir, dass es sich bewährt.*"

Jean-Paul Sartre: Das Sein und das Nichts (1943)

Dieses Hauptwerk des Existentialismus ist ein voluminöses, wucherndes Buch von über 1000 Seiten, manchmal völlig abstrakt und dann wieder anschaulich bis ins Detail. Berühmt wurde Sartres Werk weniger wegen seiner ontologischen Grundlagen als wegen seiner phänomenologischen Analysen von Alltagssituationen.

Zitat: *„Ich bin verurteilt, für immer jenseits meines Wesens zu existieren, jenseits der Antriebe und Motive meiner Handlung: ich bin verurteilt, frei zu sein. Das bedeutet, dass man für meine Freiheit keine anderen Grenzen als sie selbst finden kann oder, wenn man lieber will, dass wir nicht frei sind, nicht mehr frei zu sein."*

Theodor W. Adorno / Max Horkheimer: Dialektik der Aufklärung (1944)

Dieses Buch kann als Programmschrift der Kritischen Theorie betrachtet werden. Es umfasst etwas mehr als 200 Seiten und besteht aus mehreren einzelnen Essays, die jedoch eine Gesamtheit bilden. Seine Sprache bewegt sich auf hohem Niveau und bietet geschliffene und pointierte Formulierungen. Es zieht eine kritische Bilanz der Aufklärung und kommt zu einem pessimistischen Ergebnis.

Zitat: *„Seit je hat Aufklärung im umfassendsten Sinn fortschreitenden Denkens das Ziel verfolgt, von den Menschen die Furcht zu nehmen und sie als Herren einzusetzen. Aber die vollends aufgeklärte Erde strahlt im Zeichen triumphalen Unheils. Das Programm der Aufklärung war die Entzauberung der Welt. Sie wollte die Mythen auflösen und Einbildung durch Wissen stürzen."*

Ludwig Wittgenstein: Philosophische Untersuchungen (1953)

Dieses postum erschienene Buch ist mit seinen 350 Seiten das zweite Hauptwerk der Philosophie des 20. Jahrhunderts. In einer gut verständlichen Darstellung ohne Fachbegriffe entfaltet Wittgenstein seine Theorie vom Sprachspiel und seiner Verankerung in der Lebenswelt. Die Bedeutung eines Wortes ist sein Gebrauch. Die Philosophie erkennt ihre Probleme als Verwirrungen durch die Sprache und wird von der Lehre zur Therapie.

Zitat: „*Wir dürfen keinerlei Theorie aufstellen. Es darf nichts Hypothetisches in unsern Betrachtungen sein. Alle Erklärung muss fort, und nur Beschreibung an ihre Stelle treten. Und diese Beschreibung empfängt ihr Licht, d.i. ihren Zweck, von den philosophischen Problemen. Diese sind freilich keine empirischen, sondern sie werden durch eine Einsicht in das Arbeiten unserer Sprache gelöst ... Die Philosophie ist ein Kampf gegen die Verhexung unseres Verstandes durch die Mittel unserer Sprache.*"

Willard Van Orman Quine: Wort und Gegenstand (1960)

Im Mittelpunkt von Quines fast 500-seitigem Hauptwerk steht das Verhältnis von Sprache und Wirklichkeit. Es gibt keine Sätze, die ein für alle Mal feststehen würden. Alle Arten von Sätzen gehören zu einem Gesamtsystem und setzen sich gegenseitig voraus. Jede Sprache ist ein eigenständiges System, Übersetzungen können nie etwas anderes als ungefähre Annäherungen sein.

Zitat: „*Wie auch immer die wissenschaftliche Methode im Einzelnen aussehen mag, sie bringt jedenfalls Theorien hervor, deren Verbindung mit allen möglichen Oberflächenreizungen einzig und allein in der wissenschaftlichen Methode selbst besteht, ohne dass es irgendwelche unabhängigen Prüfinstanzen gibt, durch die sie gestützt würden. In diesem Sinne ist sie der letzte Schiedsrichter der Wahrheit.*"

Michel Foucault: Die Ordnung der Dinge (1966)

In Foucaults 460-seitigem Hauptwerk geht es um die Frage, wie zu verschiedenen Zeiten die Welt geordnet wurde, und wie mit der Erfindung des Menschen am Beginn des 19. Jahrhunderts unser Wissen eine neue Form erhielt. Foucault sieht im Wandel der Epochen keine vernünftige oder zumindest zielgerichtete Entwicklung, er sieht keinen wie auch immer gearteten

Fortschritt. Es kann sehr wohl sein, dass der Mensch wieder verschwindet.

Zitat: „*Wie geschieht es, dass das Denken sich von jenen Ufern löst, die es einst bewohnte – allgemeine Grammatik, Naturgeschichte, Reichtumsanalysen -, und dass es genau das in den Irrtum, die Schimäre und das Nicht-Wissen taumeln lässt, was noch nicht einmal zwanzig Jahre zuvor im lichten Raum der Erkenntnis angesiedelt und bestätigt wurde? Welchem Ereignis oder welchem Gesetz gehorchen diese Veränderungen, die bewirken, dass die Dinge plötzlich nicht mehr auf die gleiche Weise perzipiert, beschrieben, genannt, charakterisiert, klassifiziert und gelernt werden?*“

John Rawls: Eine Theorie der Gerechtigkeit (1971)

Dieses Buch mit seinen über 600 Seiten löste eine neue Diskussion über die Grundlagen der Ethik und der Politischen Philosophie aus. Rawls unternahm als Erster wieder den Versuch objektive Maßstäbe für eine gerechte Gesellschaft zu entwerfen und fand seinen Schlüssel zur Gerechtigkeit im Prinzip der Fairness.

Zitat: „*Ich behaupte, dass die Menschen im Urzustand zwei Grundsätze wählen würden: einmal die Gleichheit der Grundrechte und -pflichten; zum anderen den Grundsatz, dass soziale und wirtschaftliche Ungleichheiten, etwa verschiedener Reichtum oder verschiedene Macht, nur dann gerecht sind, wenn sich aus ihnen Vorteile für jedermann ergeben, insbesondere für die schwächsten Mitglieder der Gesellschaft.*“

Jürgen Habermas: Theorie des kommunikativen Handels (1981)

Auf 1200 Seiten vertritt Habermas allen postmodernen Versuchungen gegenüber entschlossen das Projekt Moderne. Er will eine Theorie entwerfen, die sowohl die bestehende Gesellschaft analysiert, als auch den Entwurf für eine rationale und gerechte nach universalen Regeln funktionierende Gesellschaft bereitstellt. Rationale Argumentationen zeichnen sich dadurch aus, dass sie sich prinzipiell immer als korrigierbar und damit verbesserungsfähig betrachten.

Zitat: *„In der philosophischen Ethik gilt es keineswegs als ausgemacht, dass die mit Handlungsnormen verknüpften Geltungsansprüche, auf die sich Gebote oder Sollsätze stützen, in Analogie zu Wahrheitsansprüchen diskursiv eingelöst werden können. Aber im Alltag würde sich niemand auf moralische Argumentationen einlassen, der nicht intuitiv von der starken Voraussetzung ausginge, dass im Kreise der Betroffenen grundsätzlich ein begründeter Konsens erzielt werden kann."*

Zum Weiterlesen

- Thomas Nagel: Was bedeutet das alles? Eine ganz kurze Einführung in die Philosophie, Philipp Reclam jun. Verlag, Stuttgart 1990
- Simon Blackburn: Denken - Die großen Fragen der Philosophie, Primus-Verlag, Darmstadt 2001
- Reiner Ruffing: Einführung in die Geschichte der Philosophie, UTB, 2. Auflage, Stuttgart 2006
- Hans Joachim Störig: Kleine Weltgeschichte der Philosophie, Fischer Verlag, 4. Auflage, Frankfurt am Main 2003
- Otfried Höffe (Hrsg.): Klassiker der Philosophie, 2. Bde, C.H. Beck Verlag, München 1985
- Peggy H. Breitenstein / Johannes Rohbeck: Philosophie: Geschichte - Disziplinen - Kompetenzen, J.B. Metzler Verlag, Stuttgart 2011
- Kurt Wuchterl: Lehrbuch der Philosophie, UTB, 5. Auflage, Stuttgart 1998
- Jonas Pfister: Philosophie. Ein Lehrbuch, Philipp Reclam jun. Verlag, Stuttgart 2011
- Michael Bruce / Steven Barbone (Hrsg.): Die 100 wichtigsten philosophischen Argumente, WBG Wissenschaftliche Buchgesellschaft Darmstadt 2013

Weitere Werke des Autors

Siegfried König: Die Welt der Philosophen - Eine Reise durch die Geschichte der Philosophie (226 Seiten)

Hier erhalten Sie in einfachen und verständlichen Worten einen lebendigen Überblick über die Geschichte der abendländischen Philosophie von den alten Griechen bis in die Gegenwart. Philosophieren heißt selber denken, darin waren sich alle großen Philosophen einig. Sie sind eingeladen, sie beim Denken zu begleiten.

Siegfried König: Grundwissen Philosophie
Eine systematische Einführung (204 Seiten)

Dieses Buch ist für interessierte Laien geschrieben und bietet eine gut verständliche Einführung in die wichtigsten Themen und Disziplinen der Philosophie, wie Logik, Metaphysik, Erkenntnistheorie, Sprachphilosophie, Philosophie des Geistes, Ethik und Politische Philosophie.

Siegfried König: Hauptwerke der Philosophie
Von der Antike bis ins 20. Jahrhundert (252 Seiten)

Sie suchen einen Überblick über die Hauptwerke der Philosophiegeschichte? Lesen Sie eine gut verständliche und kompakte Zusammenfassung des Inhalts und der wichtigsten Thesen von mehr als 100 klassischen Texten der Philosophie von der Antike bis ins 20. Jahrhundert.

Siegfried König: Philosophie der Gegenwart
Hauptwerke der letzten drei Jahrzehnte (226 Seiten)

Wollten Sie schon immer wissen, womit sich die zeitgenössische Philosophie befasst? Postmoderne, Kommunitarismus, neue Ansätze der Politischen Philosophie und der Ethik, Philosophie des Bewusstseins und vieles mehr. Die hier vorliegende Zusammenfassung von mehr als 50 Werken von den achtziger Jahren bis heute gibt eine Ahnung, wohin die Wege der Philosophie führen könnten.

Printed in Poland
by Amazon Fulfillment
Poland Sp. z o.o., Wrocław

62135158R00099